Gerhard F. Schadler

Der Casanova Effekt

Der Autor *Gerhard F. Schadler* hat sein praktisches Wissen über die eigenen Möglichkeiten bereits in frühen Jahren während einer langjährigen Ausbildung bei einem alten japanischen Kampfkunstmeister erworben. Seither ist er ein Suchender – ein »Emotionaut«, der das Universum der menschlichen Gefühle, ihre Wirkung auf unser Leben und ihre Beeinflussbarkeit erforscht.

Er ist der Entdecker des menschlichen Gefühlsschalters und DER Spezialist, wenn es um den Umgang mit herausfordernden Gefühlen geht. Seit zwei Jahrzehnten trainiert er Spitzenkräfte aus Diplomatie, Politik, Leistungssport, Management, Medien sowie Belegschaften großer Unternehmen und viele andere mehr. Sein Werkzeug: die von ihm entwickelte gefühlsLOGIK®.

Gerhard F. Schadler

Der Casanova Effekt

Seminarroman

Bibliografische Informationen der Deutschen Nationalbibliothek:
Die Deutsche Nationalbibliothek verzeichnet diese Publikation in der Deutschen Nationalbibliografie; detaillierte bibliografische Daten sind im Internet über http://dnb.d-nb.de abrufbar.

3., aktualisierte Auflage

Lektorat: Helga Klösch-Melliwa, www.aus-dem-effeff.at
Cover, Satz: Markus Schuster
Illustrationen: Karin Wimmer
Gesamtherstellung: gefuehlsLOGIK.at

ISBN 978-3-9502347-0-1

Dieses Buch ist
dem besonderen Menschen gewidmet,
der in JEDEM von uns steckt!

Vorwort

Gerhard F. Schadler zeigt im vorliegenden Impulsroman amüsant und anschaulich, wie unsere jeweiligen Sichtweisen unser Leben bestimmen.

Spannend verquickt er dabei Giacomo Casanovas Berichte über dessen Flucht aus den Bleikammern Venedigs mit den Alltagserfahrungen seiner Romanfigur. Dabei schärft sich der Blick des Lesers auf das eigene Leben, und er erhält unweigerlich den aktivierenden Impuls, es selbst zu probieren: den Gefühlsschalter endlich umzulegen und damit die selbstgeschaffenen »Bleikammern« zu verlassen.

Klaudia Reichenbacher
Regisseurin

22. Dezember

»Wie ich diese Geburtstage hasse!« Hatte ich diese Worte gerade ausgesprochen oder nur gedacht? Egal. Ich saß sowieso allein im Auto. Auf dem Weg zur Arbeit. Oder besser gesagt: Ich stand im Stau. Mit vielen anderen, die zwar nicht die Tatsache, heute Geburtstag zu haben, mit mir teilten, aber den mürrischen Gesichtsausdruck. Als Kind hatte ich diesen Tag kaum erwarten können. Immerhin fielen Geburtstag und Weihnachten für mich fast zusammen. Ich hatte am 22. Dezember Geburtstag. Dass deshalb die Geschenkeration für mich insgesamt geringer ausfiel, weil ich ja immer ein »Zwei-in-einem-Geschenk« bekam, war mir damals noch gar nicht bewusst gewesen. Ich war eben ein richtiger Pechvogel – schon von Geburt an! »Geburtstage sind doch nichts anderes als der Ausdruck dessen, dass man wieder ein Jahr überlebt hat«, murmelte ich vor mich hin.

Ich – Jakob Huber, der brave Verwaltungsbeamte – war also gerade dabei, in ein neues Lebensjahr einzutreten. Und irgendwie hatte ich das Gefühl, an einem Endpunkt angekommen zu sein. Seit Jahren sorgte ich nun schon dafür, dass Menschen, die am

Ende ihrer beruflichen Laufbahn angelangt waren, ihre wohlverdiente Pension bekamen. Ich sah tausende Menschen, die bereits dort angekommen waren, worauf ich mich langsam, aber unaufhaltsam hinbewegte. Und was ich da sah, gefiel mir gar nicht. Die Blicke zu vieler Menschen erzählten von einem unbefriedigenden Leben. Sie sahen erschöpft auf die Vergangenheit und hoffnungslos auf die vielleicht zu kurze Zukunft. Manche erzählten auch von Umständen, die sie gezwungen hatten, diesen oder jenen Weg einzuschlagen. Da saßen begnadete Musiker, die ein Leben lang am Bankschalter ihre Begabung unterdrückten. Geborene Tischler, die mit strahlenden Augen von ihrem Traumberuf erzählten, deren Mienen sich jedoch sofort verfinsterten, wenn ihnen bewusst wurde, dass sie von den Umständen in den Beruf eines Fleischers gedrängt worden waren. Sogar Opernsänger bekam ich zu Gesicht, die sich ein Leben lang – statt die Bühnen dieser Welt zu erobern – mit Fahrschülern in einer kleinen Fahrschule auf dem Lande abmühten. Und alle sahen mich mit Augen an, die fragten: »Soll das wirklich alles gewesen sein?«

»Ja – soll das wirklich alles gewesen sein?« Immer öfter erschütterte dieser Gedanke auch meine kleine Welt – ein winziges, dunkles Büro, welches Teil eines mächtigen Amtsgebäudes war. Es bot gerade einmal

Platz für einen alten Schreibtisch und einen klapprigen Aktenschrank, mit all den wichtigen Gesetzestexten, die das Leben meiner Klienten in Zukunft bestimmen sollten. Und neben meinem fand sich auch noch ein zweiter ungepolsterter Sessel, auf dem mein jeweiliges Gegenüber darauf hoffte, von mir – dem Vollstrecker seines zukünftigen finanziellen Daseins – mit guten Nachrichten versorgt zu werden. Ein zu kleines Fenster, das den bedrückenden Amtsraum mit zu wenig Licht versorgte, gab den Blick auf ein anderes Amtsgebäude frei. Auch dort hatten Menschen wie ich tagtäglich auf die eine oder andere Art über die aktuellen Umstände anderer Menschen zu entscheiden.

Aktenberge verwandelten meinen Arbeitsplatz nun bereits seit Jahren in eine sich immer wieder verändernde Papierlandschaft, die vor geraumer Zeit um ein mächtiges Stück bereichert worden war: einen mit einem Großrechner verbundenen Computerbildschirm, der ab diesem Zeitpunkt die Architektur dieser Landschaft dominieren sollte – begleitet von dem Versprechen, dass nun alles einfacher würde, schneller ginge und nun endlich die Zeit der Freude beginnen würde. Von jetzt an ersetzte zumeist eine Tastatur den von mir üblicherweise benutzten Füllhalter. Gerne wollte ich damals den Worten Glauben schenken, die die Zeit der Freude verkündeten. Doch diese lagen nun bereits Jahre zurück. Und die Hoffnung, dass die Veränderung der äußeren Umstände auch eine Veränderung meiner Lebensqualität nach sich ziehen würde, war von mir inzwischen zu Grabe getragen worden. Meine Arbeit – welche zum größten Teil daraus bestand, das Lebenswerk anderer Menschen in Zahlen auszudrücken – wurde weder abwechslungsreicher noch stellte sich mehr Freude ein. Ganz im Gegenteil. Wenn mich morgens mein Wecker zum Aufstehen aufforderte, spielte sich immer öfter das gleiche Ritual ab. War die Zeit gekommen, hämmerte ein kleiner Metallhammer unbarmherzig zwischen zwei Glocken hin und her und erzeugte so ein markerschütterndes, hektisch-metallisches Geräusch. Mit aller Kraft versuchte das altmodische Ungetüm mit seinem silbernen Metallkörper und seinem weiß emaillierten Ziffernblatt, mich aus dem Bett zu katapultieren.

»Nur noch fünf Minuten!« Ich stellte das Monster nach. Doch wie durch Zauberhand vergingen die Minuten binnen weniger Sekunden. »Noch fünf Minuten!« Wecker nachstellen. Und wieder

läutete er bereits nach wenigen Sekunden. Dieses Ritual wiederholte sich tagtäglich. Und dazwischen lag mein Leben.

Und für dieses Leben wand ich mich tagtäglich widerstrebend aus dem Bett. Dann wurde ich von der Amtsleitung für unkündbar erklärt. Nun hatte ich eine Lebensstellung. Nur wenn ich mich besonders dämlich anstellen würde, könnte mich ab jetzt mein Dienstgeber loswerden. Doch was für andere ein Grund zur Freude war, bewirkte nur, dass ich mich noch schlechter fühlte. Der bohrende Gedanke »Soll das alles gewesen sein?!« durchdrang mich stärker als je zuvor. Immer öfter tauchten in meinem Kopf zaghaft die Worte »Mach doch was anderes!« auf. Doch sofort brüllte in mir eine mächtige Stimme: »Sei dankbar für deine sichere Arbeit. In Zeiten wie diesen!«

Und so ging ich auch heute – am 22. Dezember – nach einem unbefriedigenden Arbeitstag, der mich wieder viele Stunden meines Lebens hatte vergeuden lassen, nach Hause. Gabi erwartete mich bereits. Sie versuchte, mich mit meinem Lieblingsgericht – italienischer Pasta – zu überraschen. Gabi wusste, dass ich kein Fan großartiger Geburtstagsfeiern war. Deshalb beschränkte sich das Feiern auf das Verspeisen einer Torte, die nach dem Essen serviert wurde. Gabi und ich, wir hatten mit Anfang zwanzig geheiratet. Seit fast zehn Jahren wohnten wir nun schon in einem kleinen Häuschen am Stadtrand – dort, wo bereits Grünflächen vereinzelt den Beton der Stadt abzulösen begannen. Gabi hatte das Haus von ihrer Großmutter geerbt. Es war immer ihr Traum gewesen, einen eigenen kleinen Garten zu haben. Hier konnte sie ihre geliebten Kräuter zum Wachsen bringen, sich endlich so richtig austoben. Das Haus bot auch mehr Platz als unsere Stadtwohnung. So war es nur logisch, hierher zu ziehen. Auch eine junge Katze, die in unserer alten Wohnung keinen Platz gefunden hätte, zog bald bei uns ein. Gabi war unserer zwölfjährigen Tochter Anne eine liebevolle Mutter und ein Mensch, der es immer wieder schaffte, mit meinen schlechten Gefühlen bravourös umzugehen. Manchmal gelang es ihr sogar, mich mit ihrer fröhlichen Art ein wenig von meinem diffusen Lebensfrust abzulenken.

Ich war es gewohnt, nach der Arbeit den Frust zusammen mit einem üppigen Abendessen hinunterzuschlingen. Da sich dieser aber nicht so leicht von Schnitzeln, Pasta und Gulasch verdrängen ließ, saß ich – bevor er wieder hochzukommen drohte – schon vor dem großen Fernseher in unserem Wohnzimmer, einem dieser modernen Flachbilddinger.

Hier konnte ich mich an den Schreckensmeldungen des Tages ergötzen und so wenigstens ein wenig Zufriedenheit verspüren. Ging es mir doch besser als all den Menschen, die tagtäglich mit Krieg, Terrorismus, Umweltkatastrophen oder anderen schrecklichen Dingen konfrontiert waren. Wenn ich nach einem TV-erfüllten Abend zu Bett ging, wo Gabi meist schon eingeschlafen war, war ich zwar müde, kam aber trotzdem nicht zur Ruhe. Wo sollte das alles nur hinführen? Mein Sicherheitsdenken verhinderte jede Veränderung. Auf der Welt ging es immer turbulenter zu. Und wenn ich so weitermachte, würde Gabi früher oder später auch nicht mehr in der Lage sein, meinen Lebensfrust zu ertragen. Auch körperlich fühlte ich mich immer unwohler. Das tägliche unmäßige Essen machte sich bereits bemerkbar: Speckringe hatten sich um meine Hüften gelegt und meine Hosen spannten immer mehr. Ich hatte das Gefühl, in einem Hamsterrad gefangen zu sein.

Als ich auch heute an meinem Geburtstag so vor mich hingrübelte, fiel mein Blick auf Felix, unseren schwarzen Kater, der es sich in einer Ecke gemütlich gemacht hatte. Seine weißen Pfoten, die wie die Gamaschen eines Schauspielers in einem alten Schwarzweißfilm wirkten, hatte er genüsslich von sich gestreckt. Wie sehr beneidete ich ihn um sein unbeschwertes Leben!

Fehler

»Kommen Sie bitte um zehn Uhr in mein Büro!«, rief mir Herr Frisch – mein Abteilungsleiter – bereits von Weitem entgegen. Ich war gerade auf dem Weg in mein Büro, als mich am Gang sein Blick durch seine dicke Brille traf. Er sagte die Worte in seiner wie üblich herablassenden Art. Sofort hatte ich das Gefühl, etwas ganz Fürchterliches angestellt zu haben. Eigentlich sollte ich daran ja schon gewöhnt sein, hatte er doch bereits vor Jahren, als alle Abteilungen an den Großrechner angeschlossen wurden, den alten Chef – Herrn Gruber – abgelöst. Ja, der Herr Gruber. Bei dem hatten wir nie das Gefühl, beobachtet, kontrolliert und von oben herab behandelt zu werden. Uns allen war sofort klar, dass mit der Beförderung von Herrn Frisch ein – im wahrsten Sinne des Wortes – »frischer« Wind zu wehen beginnen würde. Er war bereits vor seiner Beförderung als sehr ehrgeizig aufgefallen. Er tat sich immer hervor, machte sich immer wichtig und gab einem schon damals das Gefühl, weniger wert zu sein als er.

Es war erst acht Uhr. Noch zwei Stunden bis zum Gespräch mit ihm. Die ersten Klienten warteten bereits vor meinem Büro. Gedankenverloren betrat ich es. Die muffige Umgebung wartete schon darauf, von mir in Besitz genommen zu werden. Wie üblich lag eine größere Anzahl unerledigter Akten auf meinem Schreibtisch. Während ich den Computer einschaltete, gingen meine Gedanken auf die Suche nach Gründen, warum ich um zehn Uhr beim Frisch sein sollte. Es konnte nichts Gutes bedeuten. Wahrscheinlich wollte er mir irgendeine Zusatzaufgabe, für die er keinen anderen Blöden finden konnte, aufhalsen. Oder er wollte mir – wie schon so oft – erklären, dass die Bearbeitungsdauer meiner Akten zu lange sei und der Aktenlauf ein schnellerer zu sein habe. »Der Angeber will sich doch nur auf meine Kosten rühmen können, dass seine Abteilung die schnellste im Amt ist. Und wir kleinen Sklaven sollen dafür sorgen, dass er gut da steht«, dachte ich verärgert. Und so verbrachte ich die zwei Stunden bis zum Gespräch mit unserem Oberaufseher damit, mir auszumalen, was da alles auf mich zukommen könnte. Ich fühlte mich nicht schlecht wie immer, sondern sogar noch ein bisschen schlechter. Dieses Gefühl war eindeutig das Werk von Herrn Frisch, diesem bebrillten Wichtigtuer. Die Zeit bis zehn zog sich endlos in die Länge, so als ob sich selbst der Zeitgott gegen mich verschworen hätte.

Bereits fünf vor zehn machte ich mich auf den Weg, obwohl ich wusste, dass ich keine fünf Minuten bis ins Büro des Abteilungsleiters brauchen würde. Aber ich konnte diese Anspannung nicht länger ertragen. Das Büro von Herrn Frisch lag einen Stock über meinem, im zweiten Stock des Gebäudes. Es war ein großer, heller Raum mit einem riesigen Schreibtisch, der – im Gegensatz zu meinem – fast leer war. Wahrscheinlich war auch das Fenster ein wenig größer als das in meinem Büro, denn dieser Raum wirkte – obwohl hier der Sklavenhalter sein Unwesen trieb – viel gemütlicher als meine kleine Katakombe einen Stock tiefer. Bewacht wurde dieser Raum von einer schnippischen Sekretärin – Frau Kogler –, die im Vorzimmer des Abteilungsleiters das Regiment führte. Auf mein Klopfen hin ertönte das gewohnt forsche »Herein!« der Sekretärin. Ich öffnete die Tür und ein zögerliches »Ich soll zum Chef« entkam meinen Lippen. »Der ist momentan nicht da …«, sagte sie. Sofort dachte ich: »Der Wichtigtuer will mal wieder seine Macht beweisen«, ehe Frau Kogler fortsetzte: »… aber er wird in zwei Minuten wieder da sein. Nehmen Sie inzwischen bitte Platz.« Ich setzte mich auf die ungemütliche Holzbank, die gegenüber ihrem Schreibtisch stand. Dabei fühlte ich mich wie ein Realschüler, der etwas ausgefressen hatte und vor dem Büro des Direktors darauf wartete, dass dieser Allmächtige über ihn Gericht halten würde.

Nach ewigen zwei Minuten betrat Herr Frisch

tatsächlich den Raum und kommandierte mich in sein Büro. Ich musste ihm gegenüber Platz nehmen. Er hatte einen dicken Akt vor sich liegen, schlug den Aktendeckel auf und kramte geraume Zeit – ohne ein Wort zu verlieren – zwischen losen Blättern herum. In mir verstärkte sich das flaue Gefühl im Magen. Die Muskeln meines Körpers verspannten sich. Meine Atmung wurde schneller. Was war es nur, was er an mir auszusetzen hatte? Nach Ewigkeiten hob er seinen Blick und nahm seine dicke Brille ab. Ich hatte das Gefühl, dass mich sein Blick – ohne vom Glas verdeckt zu sein – noch stärker traf, mich regelrecht durchbohrte. Es dauerte viel zu lange, bis die ersten Worte, die er formte, an mein Ohr drangen. »Herr Huber, ich wurde gestern von einem guten Freund, dem Direktor Müller von der Handelsbank, angerufen.« Oh Gott, hat sich einer seiner einflussreichen Freunde etwa über mich beschwert? Ich hatte in letzter Zeit einige Akten von Bankbeamten zu bearbeiten. Ist mir möglicherweise bei einem ein Fehler unterlaufen? Ich konnte nicht weiter darüber nachdenken und nach etwaigen Fehlern suchen, da Herr Frisch in seinen Ausführungen fortfuhr. »Direktor Müller hat vor, demnächst in Pension zu gehen. Da er aufgrund seines Namens in Ihr Referat fällt, möchte ich Sie bitten, auf diesen Akt besonderes Augenmerk zu legen. Dass mir keine Klagen zu Ohren kommen!« Damit schloss er den Akt und drückte ihn mir in die Hand. Ich verließ sein Büro und trottete missmutig zu meinem Arbeitsplatz zurück: »Freunderlwirtschaft! Protektionskinder! Der will ja nur vor seinen wichtigen Freunden gut dastehen! Die Großen versuchen sich's halt immer zu richten!« Ich fühlte mich aufgewühlt und gleichzeitig energielos.

»Hallo, Schatz! Wie war's heute bei der Arbeit?«, rief mir Gabi wie jeden Abend freundlich entgegen. »Fast wie immer«, antwortete ich, »heute musste ich zum Chef!« »Und was wollte er von dir?« Ich erzählte ihr das »Highlight« des heutigen Tages und fühlte mich dabei wieder gleich schlecht wie am Vormittag. Nur das üppige Abendessen konnte mich ein klein wenig versöhnen. Kurz danach saß ich wieder vor dem Flachbilddings und sah mit Genugtuung, dass es anderen auf der Welt noch schlechter ging als mir.

Zeitreise

Heute hatte mir Gabi aufgetragen, ihr nach der Arbeit noch ein paar Wollknäuel aus ihrem Wollladen im Alleeweg mitzubringen. Ich verstand zwar nicht, wieso sie ausgerechnet jetzt – wo der Winter bereits in den letzten Zügen lag – begonnen hatte, an einem Pullover zu stricken. Aber ich wollte ihr den Gefallen tun. Es war eine Beschäftigung, die ihr Spaß machte, und ich war in den letzten Monaten doch wirklich nicht die Stimmungskanone, mit der sich zu beschäftigen attraktiver gewesen wäre als zu stricken.

Da ich in der Nähe des Wollladens aufgewachsen war, kannte ich mich in der Gegend gut aus. Immerhin hatte ich hier die ersten knapp zwei Jahrzehnte meines Lebens verbracht. Wie üblich war es hier schwierig, einen Parkplatz zu finden. In einer Seitengasse, in der hauptsächlich Mietshäuser aus der Jahrhundertwende standen, und unweit des Hauses, in dem ich zum Teenager herangewachsen war, fand ich endlich eine Parklücke. Widerwillig parkte ich ein, um diese Unterbrechung meines Nachhauseweges so schnell wie möglich hinter mich zu bringen. Ein wenig gereizt schlug ich den Weg Richtung Wollladen ein und trat dabei ungewollt eine Reise in meine eigene Vergangenheit an.

Nach wenigen Schritten stach mir ein unscheinbares, zweistöckiges Wohnhaus ins Auge. Hier hatte doch Toni – einer meiner Jugendfreunde – gewohnt. Toni war mir noch besonders gut in Erinnerung. Immer wieder hatten wir neue Ideen, unsere Freizeit verrückt und abwechslungsreich zu gestalten. Wir hatten immer viel Spaß miteinander. Wo es ihn wohl hinverschlagen hatte? Wie es ihm wohl ergangen war? Schade, dass wir uns im Laufe der Zeit aus den Augen verloren hatten. Ich hielt in der Bewegung inne und machte am Absatz kehrt, um die paar Meter, die ich inzwischen von Tonis Haus entfernt war, zurückzugehen. Da stand ich nun vor einer verwitterten Eingangstür, welche sicherlich schon jahrelang keinen neuen Anstrich mehr gesehen hatte. Wie oft hatte ich diese alte Messingschnalle wohl in der Hand gehabt? Wie oft hatte ich den wackligen Klingelknopf, den untersten in einer Reihe von sechs Knöpfen, gedrückt? Wie lange war das doch her! Der Klingelknopf war noch da. Doch nicht das vertraute »Blaschek« – seine Großeltern waren aus der Slowakei eingewandert –, sondern ein steriles »Schmidt« leuchtete mir entgegen. War ja auch wirklich schon lange her. Viel hatte sich verändert. Wo Toni jetzt wohl war? Wann hatten wir uns eigentlich aus den Augen verloren? Ich trottete nach diesem kurzen Versuch, in die Vergangenheit zurückzukehren, weiter Richtung Alleeweg. Vorbei an einem inzwischen zu Parkplätzen umfunktionierten Grundstück. Hatte hier nicht …? – Ja sicher! Hier hatte Herr Mayer, ein sehr betagter, zu mir immer freundlicher Mann, seinen kleinen Schrebergarten. Er war ein etwas verschrobener Alter von kleiner Statur, mit grauen Haaren, stets mit einer Nickelbrille auf der Nase und immer damit beschäftigt, irgendetwas in seinem Schrebergarten in Ordnung zu bringen. Inmitten des Grundstückes stand damals noch eine wackelige Hütte. Er hatte sich darin eine kleine Werkstatt eingerichtet. Ich wusste nicht einmal, welchen Beruf Herr Mayer in seiner aktiven Zeit ausgeübt hatte. Das war mir als Kind auch nicht so wichtig. Wichtig war nur, dass ich mich bei Herrn Mayer immer unglaublich wohlfühlte. Er hatte diese Gabe, einem das Gefühl zu geben, dass man alles meistern kann. Er ließ mich die Werkzeuge, die überall verstreut in der Hütte herumlagen und die mich als Bub magisch anzogen, immer wieder ausprobieren. Er erklärte mir, wofür was gut sei, und übertrug so seine Freude, mit den eigenen Händen etwas zu reparieren, zu verändern oder neu zu schaffen, auch auf mich. Es gab auf dem Grundstück auch einen knorrigen, alten Kirschbaum, dem Herr Mayer die Freiheit gab, so zu wachsen, wie er wollte, ohne von irgendeinem schnittwütigen Gärtner in eine bestimmte Richtung gezwungen zu werden. Zum Dank pflegte der Baum zur richtigen Zeit köstliche Früchte zu tragen. Und auch das Gras, vermischt mit Unkraut, das sich des Bodens bemächtigt hatte, konnte seine eigenen Vorstellungen von einem freien Leben ungezügelt verwirklichen. Dazwischen lagen auf dem gesamten Grundstück verstreut alte hölzerne Wagenräder, verschiedenste Metallteile, deren Ursprung für das ungeübte Auge kaum zu erraten war, Lenkräder ausrangierter Autos, Radiogehäuse, die Einblick in ihr technisches Innenleben gewährten, und vieles mehr. Für mich als Bub, der gerade dabei war, die Welt zu entdecken, ein wahrer Abenteuerspielplatz. Hier konnte ich meine kindliche Neugier in üppigstem Ausmaß befriedigen – und das ohne Einschränkungen durch meine besorgten Eltern. Ich war damals ein richtiger Freigeist. Vielleicht war auch das der Grund dafür, dass mich Herr Mayer immer mit offenen Armen empfing, wenn ich ihm mal wieder einen Besuch abstattete? Denn anderen Menschen gegenüber war er – soweit ich mich erinnern konnte – immer sehr reserviert und wortkarg gewesen. Ja, ja, der Herr Mayer, der wird jetzt sicher auf seiner selbst gebauten Wolke herumschweben und stets auf der Suche danach sein, ob's im Himmel nicht irgendwo etwas zum Reparieren gibt.

Inzwischen war ich beim Wollladen angekommen und eine magische Veränderung war in mir vorgegangen. Ich konnte plötzlich diese enorme Kraft, diese Vorfreude auf das Leben, dieses Gefühl von damals wieder in mir spüren. Wie lange hatte ich solche Empfindungen nicht mehr gespürt? Wie viele Jahre waren die Erinnerungen daran in irgendeiner verborgenen Ecke meines Gehirns versteckt gewesen? Wie lange hatte ich auf dieses Gefühl verzichtet, welches jede einzelne meiner Körperzellen »Ich lebe!« rufen ließ? Hatte ich es einfach vergessen?

»Was kann ich für Sie tun?« Ich wurde von der netten Verkäuferin aus meinen Gedanken gerissen. Am liebsten hätte ich sie in meiner Freude umarmt. Ich entschied mich dann aber doch, nur die fehlenden Wollknäuel für Gabis Pullover zu kaufen, um nicht dieses junge Mädchen, welches von meinen innerlichen Gefühlsausbrüchen ja nichts wissen konnte, in Bedrängnis zu bringen. Beschwingt fuhr ich nach Hause und begrüßte Gabi, die mich wie üblich mit ihrem »Hallo, Schatz! Wie war's heute bei der Arbeit?« empfing, mit einer liebevollen Umarmung. »Wwwie wwar dein Tag?«, brachte sie mit Mühe unter meinem herzlichen Kuss nochmals hervor. Und erstmals seit langer Zeit hatte ich das Bedürfnis, ihr davon zu erzählen, wie es mir ging, was in mir vorging, warum und weshalb ich so war wie in letzter Zeit und was ich heute – nur weil sie zu wenig von der passenden Wolle zu Hause hatte – erlebt und gespürt hatte. Unsere Tochter Anne war bei einer Freundin, bei der sie auch übernachten würde. Und so verbrachten wir einen ungestörten Abend, der – wie schon lange nicht mehr – von Gesprächen über uns, über das, was in uns vorging, über unsere Wünsche und unsere Träume getragen war. Ich hatte auch nicht das Bedürfnis, mich mit Essbarem vollzustopfen und mir danach mit der Mattscheibe den Rest zu geben. Je später der Abend wurde, umso näher fühlte ich mich meiner Frau, die mich auch in den Phasen meines stillen Weltschmerzes, in denen sie oft nur erraten konnte, was in mir vorging, ertragen hatte. Und diese Nähe wollte ich heute Nacht nach Langem auch wieder körperlich spüren.

Würde ich rauchen, hätte ich sicherlich eine Zigarette zwischen Zeige- und Mittelfinger meiner Hand gehalten, hätte die Hand vielleicht auch lässig beim Bett hinaushängen lassen, um in kurzen Abständen immer wieder an der Zigarette zu ziehen. Und mit verklärtem Blick hätte ich dabei an die Decke gestarrt und mich wie ein Held gefühlt. Ich fühlte mich tatsächlich gut. Wirklich gut. Ich erinnerte mich wieder daran, wie das ist, sich gut zu fühlen. Und ich wollte nicht länger darauf verzichten. Weder Essen noch das Flachbildding in unserem Wohnzimmer konnte mir dieses Wohlgefühl geben. Dies hatte sich ja in letzter Zeit immer wieder bewiesen. Ich hatte einen neuen Vorsatz im Kopf und Gabi im Arm, die sich genüsslich wie eine Katze, die ihren Platz gefunden hat, an mich kuschelte. Sie spielte liebevoll mit meinen Brusthaaren. Ein langgezogenes »Schaaaatz« aus ihrem Mund durchbrach die wohlige Stille. »Schaaatz, kann ich dich was fragen?« »Natürlich.« »Ich habe da schon seit längerer Zeit eine Idee. Du weißt, dass ich, bevor Anne gekommen ist, wahnsinnig gerne gestrickt, genäht und gebastelt habe und dieses Hobby, seitdem wir mein Zimmer zu Annes Kinderzimmer umfunktioniert haben, ziemlich vernachlässigt habe. Ich würde es aber irrsinnig gerne wieder aufleben lassen. Anne wird auch immer größer, und ich denke, dass sie sich als heranwachsender Teenager in einem größeren Zimmer sicher wohler fühlen würde. Was hältst du davon, wenn wir unseren Dachboden für sie ausbauen? Damit könnten wir doch zwei Fliegen mit einer Klappe schlagen!«

Mir kam dieser Wunsch gerade recht. Hatte ich mich doch erst heute Nachmittag durch die Reise in Herrn Mayers Schrebergarten an die Freude erinnert, mit den eigenen Händen etwas zu erschaffen. Ich spürte noch immer diese kindliche Vorfreude auf das Leben in mir, die aus den Tiefen meines Seins wieder hervorzusprudeln begann. Und ich war bereit, alles dafür zu tun, dieser Vorfreude einen realen Grund zu geben.

Schatzsuche

»Was meinen Sie: Mit welcher monatlichen Pensionshöhe kann ich rechnen?« – mein Klient sah mich erwartungsvoll an. So als ob ich der Weihnachtsmann wäre, der nur dazu da war, um einen prall gefüllten Sack voller Geschenke vor ihm zu öffnen und all seine Wünsche zu erfüllen. Ich murmelte etwas von »Das werden die Berechnungen ergeben, nachdem wir all Ihre Versicherungszeiten erfasst haben« und begann, die von ihm vorgelegten Dokumente und Unterlagen zu sortieren. Wie ich das hasste, immer dasselbe, tagaus, tagein! Und es war erst neun Uhr. »Bin ich froh, wenn ich heute endlich aus diesem Laden rauskomme«, seufzte ich vor mich hin. »Gott sei Dank ist es schon Freitag. Endlich steht das Wochenende vor der Tür. Ein Wochenende, auf das ich mich einmal wirklich freue.« Ich hatte mir vorgenommen, unseren Dachboden von all dem nutzlosen, überflüssigen Kram, den bereits Gabis Großmutter dort angesammelt hatte und den wir in den letzten Jahren noch vermehrt hatten, zu befreien.

»Hallo, Schatz! Wie war's heute bei der Arbeit?«
»Wie immer, aber jetzt freue ich mich auf's Wochen-

ende. Es gibt viel zu tun – du weißt ja, der Dachboden.« Anne, die beim Küchentisch saß und in ein Aufgabenheft vertieft war, konnte es immer noch nicht glauben. Sie sollte tatsächlich ein größeres Zimmer bekommen. »Hallo, Papa« – sie sah mich mit strahlenden Augen an. Anne war ein ruhiges, bescheidenes Kind und eine gute Schülerin. Und sie hatte eine starke Verbindung zu Gabi. Deshalb fand man sie beim Aufgabenmachen meistens auch dort, wo Gabi war. Sie genoss sichtlich ihre Nähe. Leider hatte ich in letzter Zeit mein Vater-Sein sehr vernachlässigt. Hatte ich doch genug mit mir selbst zu tun. Das Dachbodenprojekt bot mir gute Gelegenheit, ihr zu signalisieren: »Dein Vater liebt dich.«
»Was wirst du dieses Wochenende machen, Papa?«
»Ich werde das ganze Gerümpel aus deinem zukünftigen Reich entfernen, damit wir mal einen Überblick bekommen, was alles zu tun ist.« Ich freute mich darauf, etwas zu tun, was wirklich sichtbare Ergebnisse bringt. Also das krasse Gegenteil vom täglichen Am-Schreibtisch-Hocken, dabei dem ach so wichtigen Herrn Frisch seine Bedürfnisse zu erfüllen und immer wieder Klienten ertragen zu müssen, die am liebsten hätten, dass man für sie Überstunden macht, nur weil sie es nicht erwarten können, welche Zahl am Ende herauskommt.

Es war erst fünf Uhr früh. Und ich war bereits munter – ohne Wecker. Das Ungetüm tickte noch friedlich vor sich hin. Und ich fühlte mich gar nicht mehr müde. Normalerweise würde ich an einem Samstag nicht vor neun aus dem Bett steigen. Aber heute war kein normaler Samstag. Heute wurde das Projekt »Dachboden« gestartet. Ich sprang vergnügt aus dem Bett – Gabi registrierte die Bewegung auf meiner Betthälfte. Nachdem ich ihr einen zärtlichen Kuss auf die Stirn gedrückt und ihr zugeflüstert hatte, dass sie ruhig noch schlafen könne, kuschelte sie sich wieder in ihre Bettdecke und überließ mich meinem Tatendrang. Ich spürte diese Kraft in mir, die raus wollte, um von mir in sinnvolle Bahnen gelenkt zu werden. Beim Duschen hatte ich den Eindruck, das Wasser auf meiner Haut viel intensiver als sonst zu spüren – so als ob meine Sinne besser funktionieren würden als normal. Es war ein richtiger Genuss, tausende warme Wassertropfen auf meiner Haut abprallen zu spüren und dabei ihre massierende Wirkung wahrzunehmen. Die morgendliche Dusche schien meinen Tatendrang noch zu verstärken. Fast so, als würde ich Kraft aus dem köstlichen Nass saugen. Nach dem Abtrocknen zog ich meinen Bademantel an und holte wie gewohnt die Zeitung. Sie lag wie jeden Morgen vor der Tür und wartete nur darauf – prall gefüllt – Zeugnis über all die schrecklichen Ereignisse des gestrigen Tages abzulegen. Doch irgendwie hatte ich jetzt keine große Lust, mich mit all dem Schlechten von gestern vollzustopfen. So legte ich die Alpträume des Vortages achtlos auf den Küchentisch und tauschte meinen Bademantel gegen alte Jeans und ein verwaschenes T-Shirt.

Die Treppe, die vom ersten Stock auf den Dachboden führte, war schmal und steil. Ihre Holzdielen gaben bei jedem Schritt ein leichtes Seufzen von sich, so als hätten sie Angst, unter der ungewohnten Last zu Schaden zu kommen. Ohne ihre Proteste ernst zu nehmen, setzte ich meinen Weg fort. Der Metallgriff der alten Holztür fühlte sich beim Hinunterdrücken ziemlich kalt an, ganz so, als wollte er sich gegen das Eindringen in das von ihm gehütete Reich wehren. Mit einem leichten Knarren ließ sich die Tür öffnen. Sie gab den Blick auf einen Lichtschalter seitlich vom Türstock frei – so einen altmodischen Drehschalter, wie er heute kaum noch wo zu finden ist. Ich drehte an diesem staubigen Zeugen längst vergangener technischer Errungenschaften. Und mit einem leichten »Klick« wurde der Raum von einer schmutzigen Glühbirne – welche in der Mitte des Raumes versuchte, ihr Bestes zu geben – erhellt. Der Anblick, der sich mir bot, weckte sofort Erinnerungen an die zerklüftete Landschaft meines Arbeitsplatzes. Nur mit dem Unterschied, dass die Landschaft, die sich hier vor mir auftat, nicht aus Papier, sondern aus vielen unterschiedlichen Materialien zusammengesetzt war. Kreuz und quer lagen alte Holzkisten herum. Abgenutzte Kleiderkästen hüteten so gut sie konnten ihre Geheimnisse. Ein Bettgestell, welches wohl schon Gabis Urgroßeltern in Verwendung gehabt hatten, vermittelte den Eindruck, als ob sein Zusammenbruch unmittelbar bevorstünde. Unzählige übereinandergestapelte Schachteln – wahrscheinlich alle bis zum Rand mit unnützen Dingen gefüllt – ließen die Mühe der bevorstehenden Arbeit erahnen. Ein ausgedientes Radio mit Holzgehäuse, so wie es in den Sechzigern des letzten Jahrhunderts modern war, hatte auch schon bessere Zeiten gesehen. Der daneben stehende Fernsehapparat gehörte wahrscheinlich zu den ersten Modellen dieser glorreichen Erfindung. Unweigerlich drängten sich mir die Erinnerungen an Herrn Mayers Schrebergarten auf. Hier hatte ich nun meinen eigenen »Schrebergarten«, der von mir verwandelt werden wollte. Der Raum maß ungefähr vier mal fünf Meter. Das ergab zwanzig Quadratmeter Vergangenheit in Form von Gerümpel, das an diesem Wochenende von mir entsorgt werden sollte.

In unserer Einfahrt wartete bereits ein alter Pritschenwagen geduldig darauf, all das Unbrauchbare, das von Gabis Ahnen und uns selbst im Laufe der Jahrzehnte zusammengetragen worden war, aufzunehmen. Penibel achtete ich dabei darauf, rostige Eisenteile, die immer wieder zum Vorschein kamen und aus mir unerfindlichen Gründen irgendwie den Weg auf den Dachboden gefunden hatten, vom restlichen Abfall zu trennen. Dies hatte ich Wolfram und Sieglinde – dem befreundeten Ehepaar, das uns den Pritschenwagen geliehen hatte – versprochen. Gabi hatte die beiden Künstler – mit denen sie sich schon während ihrer Schulzeit blendend verstanden hatte – mit in unsere Ehe gebracht. Die beiden hatten sich bereits vor Jahren auf das Schaffen von Metallplastiken spezialisiert. Deshalb waren sie auch im Besitz des Pritschenwagens, der mir nun gute Dienste leistete. Ich konnte mit ihrem künstlerischen Zeugs zwar nie wirklich etwas anfangen, aber die beiden waren ganz liebe Menschen. So tat ich ihnen gerne den Gefallen, vorhandene Eisenteile beiseite zu legen. Vielleicht würde ja einmal ein wertvolles Kunstwerk daraus werden?

Die Arbeit ging zügig voran. Anne ließ es sich nicht nehmen, mich tatkräftig zu unterstützen. Wir hatten bereits zigmal der Holzstiege ihr Seufzen entlockt. Und es würden sicherlich noch einige Seufzer mehr dazukommen. Es war inzwischen schon Nachmittag. Die ersten zwei Wagenladungen hatten bereits ihren Weg zum Sperrmüllplatz gefunden. Und ich hatte noch immer nichts gegessen. Denn nicht nur, dass ich das gewohnt reichliche Samstagfrühstück hatte ausfallen lassen, ließ mich auch jetzt kein Hungergefühl eine Pause einlegen.

Als Nächstes sollte eine stattliche Anzahl von Kartons auf der Ladefläche des geliehenen Wagens Platz finden. Anne war gerade auf dem Weg nach unten, um einen der Kartons, der bis oben hin mit alten Zeitungen gefüllt war, zu entsorgen. Auch der nächste Karton war bis zum Rand mit alten Zeitungen voll. Davon gab es hier oben noch eine ganze Menge. Weltgeschehen in seiner düstersten Form war hier oben aus mir unbekannten Gründen gelagert. So als ob Gabis Ahnen uns damit zeigen wollten, dass auch in der Vergangenheit tagtäglich schreckliche Dinge geschehen waren. Ein flüchtiger Blick auf die Schlagzeilen – die mir bei jedem Öffnen einer dieser Schachteln entgegensprangen – zeigte mir, dass die Zeitungsmacher offensichtlich schon immer ihre Hauptaufgabe darin gesehen hatten, uns Menschen mitzuteilen, wie schrecklich es doch auf unserem Planeten zuging. Sie riefen schon damals jedem Betrachter zu: »Nimm dich in Acht! Das Leben ist gefährlich!«

Auch der nächste Karton enthielt wieder Zeitungen. Als ich jedoch versuchte, ihn hochzuwuchten, um auch ihn dem Pritschenwagen zu übergeben, ließ er sich dies nicht so leicht gefallen wie zuvor die anderen. Nachdem ich ihn nur einige Zentimeter angehoben hatte, zog ihn sein Gewicht sofort wieder zurück an seinen ursprünglichen Platz – ganz so, als wollte er mir sagen: »Hier bin ich und hier bleib ich.« Da musste neben den Zeitungen noch was anderes drinnen sein. Dieser Karton war gleich groß wie all die anderen. Und die konnte selbst Anne ohne große Mühe nach unten befördern. Doch dieser wehrte sich mit seinem Gewicht vehement gegen die drohende Vernichtung. Ich öffnete nochmals den Deckel und hob die Zeitungen an. Wie vermutet, unterschied sich der Inhalt dieses Kartons von den anderen. Unter einer dicken Schicht von Zeitungen verbargen sich jede Menge Bücher, die allem Anschein nach schon einige Jahre auf ihrem Buckel oder besser gesagt ihrem Rücken hatten, was auch der modrige Geruch, der schnell den Weg zu meiner Nase gefunden hatte, bestätigte.

Meine Neugier wurde von einem Bündel von Büchern – alle im gleichen rostbraunen, unansehnlichen Leineneinband – geweckt. Sie waren – im Gegensatz zu den anderen – mit einem alten Stoffband sorgfältig zusammengebunden. Als ob jemand verhindern wollte, dass eines von ihnen abhandenkäme. Auf dem Rücken der Bücher – es waren insgesamt zwölf an der Zahl – war jeweils das gleiche Wort in Großbuchstaben aufgedruckt: CASANOVA. Darunter war in Kleinbuchstaben zu lesen: »Geschichte meines Lebens«. Die Bände waren von eins bis zwölf durchnummeriert.

Welch ein Zufall. Erst vor Kurzem hatte ich in einem Magazin einen Artikel über diesen legendären Casanova, der weltweit für seine Verführungskünste berühmt gewesen war, gelesen. Doch dieser Venezianer hätte weit mehr zu bieten gehabt als ein aufregendes Liebesleben, schrieb die Autorin. Sie bezeichnete Casanova als einen der intelligentesten Menschen des achtzehnten Jahrhunderts. Und er dürfte tatsächlich ungewöhnlich begabt gewesen sein. Bereits mit siebzehn Jahren hatte er ein Jusstudium mit Doktortitel abgeschlossen, wurde danach für kurze Zeit Priester und übte im Laufe seines Lebens eine Unzahl von Berufen aus. Theater- und Lotteriedirektor, Geheimagent, Geigenspieler und Schriftsteller waren mir noch in Erinnerung. Während seines abenteuerlichen Lebens war er einer Vielzahl von Persönlichkeiten begegnet, die mir aus Geschichtsbüchern wohlbekannt waren. Darunter Königen, Kaisern und Päpsten, aber auch Philosophen und Schriftstellern wie Jean-Jacques Rousseau und Voltaire. Sein

Markenzeichen waren seine Menschenkenntnis und seine Beobachtungsgabe – was ihm sicherlich einige Bonuspunkte bei den Frauen einbrachte. Ich war ja schon froh, wenn ich rechtzeitig bemerkte, dass Gabi eine neue Frisur hatte. Dies zu bemerken, kam wahrscheinlich auch schon bei den Frauen des achtzehnten Jahrhunderts gut an. Erstaunlich fand ich, dass Casanova vielen seiner Geliebten, von denen er die Mehrzahl glücklich gemacht haben soll, nach einer Trennung oftmals eine Anstellung oder sogar einen Ehemann besorgte, damit sie versorgt waren.

Auch war in dem Artikel zu lesen, dass der italienische Abenteurer seine Lebensgeschichte der Nachwelt auf tausenden handgeschriebenen Seiten hinterlassen haben soll. Und nun hielt ich diesen Nachlass in gedruckter Form in Händen. Ich griff nach dem Stoffband und zog die zusammengebundenen Bücher aus der Schachtel. Sorgsam legte ich meine Entdeckung zur Seite, mit dem Gefühl, einen Schatz entdeckt zu haben. So mussten sich die alten Schatzsucher gefühlt haben, wenn sie kurz davor waren, das Schloss der Schatztruhe zu öffnen, die sie nach langer Suche, gefährlichen Abenteuern und vielen Spatenstichen ans Tageslicht befördert hatten. Ein wirklich angenehmes Gefühl! Dass ich tatsächlich einen Schatz gefunden hatte, konnte ich zu diesem Zeitpunkt noch nicht ahnen.

XII
XI
X
IX
VIII
VII
VI
V
IV
III
II
I

Gefühle

Erstmals seit Langem hatte ich ein Wochenende wieder genossen. Ich fühlte mich richtig energiegeladen, obwohl es Montag war. Die Werbung, die aufdringlich aus den Lautsprechern meines Autos plärrte und mit allen Mitteln versuchte, mich zum Kauf eines Waschmittels zu überreden, weil sonst mein Lebensglück auf dem Spiel stünde, begann gerade zu nerven. Doch kaum dachte ich an das vergangene Wochenende, war dieses tolle Gefühl wieder da. Und es konnte selbst gegen dieses penetrante Geplärre bestehen. Doch je näher ich dem Amt kam, umso mehr versuchte das Alltagsgefühl der letzten Wochen wieder von mir Besitz zu ergreifen. Wie sehr war ich doch von meinen Gefühlen abhängig! Und wie wenig Kontrolle hatte ich offensichtlich über sie! Ich kam mir vor wie ein winziger Spielball. Überall mischten sich Gefühle in mein Leben ein. Egal wo ich hinschaute, überall waren sie.

Warum fuhr ich ausgerechnet das Auto, in dem ich gerade saß? Es hätte doch eine Unzahl anderer Möglichkeiten gegeben. Doch dieses Fahrzeug entsprach nicht nur unseren finanziellen Möglichkeiten, sondern deckte auch unseren Platzbedarf. Außerdem hatte ich in der Vergangenheit schon zwei andere Modelle desselben Herstellers gefahren und nie waren Probleme aufgetreten. Deshalb vertraute ich dieser Marke – ich hatte dabei einfach ein gutes Gefühl.

Und warum beherbergten wir in unseren vier Wänden eigentlich eine Katze? Felix hinterließ im ganzen Haus tagtäglich seine Spuren, denn es war schier unmöglich, das Haus frei von Katzenhaaren zu halten. Auch sein Katzenklo war für unsere Nasen nicht immer eine Wohltat. Und die Kosten für die von ihm in den letzten Jahren verzehrten Katzendosen hätten uns sicherlich einen wunderbaren Urlaub finanziert. Felix haarte, stank und kostete Geld! Und trotzdem ließen wir ihn freiwillig bei uns wohnen. Das gute Gefühl, das er uns durch sein Schnurren und sein unbeschwertes, unbekümmertes Wesen gab, entschädigte uns offensichtlich für all die Unannehmlichkeiten, die uns dieser Kater bescherte. Eigentlich wollte niemand von uns auf seine Anwesenheit verzichten. Vor allem wenn es mir nicht gut ging, genoss ich die Ruhe, die er ausstrahlte, wenn er neben mir auf der Couch lag.

Die angenehme Musik des Autoradios, die meine Gedanken begleitet hatte, wurde schon wieder durch Werbung unterbrochen. Diesmal sollte ich überzeugt werden, dass ein bestimmtes Geldinstitut das Einzige sei, dem man trauen dürfe. Spontan fiel mir Herr Engel ein, mein langjähriger Bankberater. Ich kannte ihn nun bereits seit mehr als zehn Jahren und wurde von ihm immer bestens betreut. Er war ein sympathischer, stets freundlicher Mann Mitte vierzig. Bereits nach meiner Schulzeit hatte ich mein erstes Gehaltskonto bei ihm eröffnet. Inzwischen hatte er zweimal die Filiale gewechselt. Ich hatte jedes Mal die Wahl, entweder mein Konto bei der alten Filiale zu belassen und damit einen neuen Berater in Kauf zu nehmen oder ein neues Konto in der neuen Filiale von Herrn Engel zu eröffnen. Und immer hatte ich mich für die neue Filiale entschieden. Wollte ich doch den Berater meines Vertrauens keinesfalls verlieren. Und diese Entscheidung konnte auch keine aufdringliche Werbung eines anderen Geldinstitutes beeinflussen.

Ich fand mich an einer roten Ampel wieder, die mich gerade zum Anhalten angewiesen hatte. Das luxuriöse Versicherungsgebäude, welches direkt an dieser Kreuzung das Straßenbild dominierte, bestätigte mir schon wieder, wie sehr mein Alltag von Gefühlen bestimmt wurde. Hatte es doch erst vor

Kurzem mein Versicherungsmakler geschafft, mir einen neuen Vertrag unterzujubeln. Aber erst, nachdem er mich nachdrücklich auf die Gefahren einer zukünftigen Invalidität aufmerksam gemacht hatte. Als ich schließlich genügend Angst hatte, war es für ihn ein Leichtes, meine Unterschrift auf den von ihm bereitgehaltenen Versicherungsvertrag zu zaubern. Ich bekam dafür eine Polizze im realen Wert von wenigen Cent, bezahlte monatlich meinen Beitrag für das unwahrscheinliche Ereignis, irgendwann einmal invalide zu sein, und erkaufte mir damit ein Gefühl von Sicherheit.

Gefühle bestimmten offensichtlich mein Leben! Und wenn das so war, dann wollte ich alles daransetzen, herauszubekommen, wie diese Gefühle funktionierten. Ich wollte nicht länger ihr Spielball sein, bekräftigte ich für mich wieder und wieder: »Ich will das Leben genießen, mich gut fühlen. Ich will mich gut fühlen! Ja, ich will mich gut fühlen! Ich will!«

»Hallo, Schatz! Wie war's heute bei der Arbeit?« Gabi begrüßte mich wie üblich. Und wie üblich war es ein Arbeitstag, der sich kaum von denen des letzten Jahres unterschied. So, wie ich es bereits am frühen Morgen hatte kommen sehen, war es ein Tag, der so manch unangenehmes Gefühl für mich bereithielt. Der einzige Lichtblick war das vergangene Wochenende. Jedes Mal, wenn ich daran dachte, hellte sich meine Stimmung ein wenig auf. Ich musste unbedingt einen Weg finden, meine Gefühle unter Kontrolle zu bekommen. Mir graute davor, mich die nächsten Jahrzehnte bis zu meiner Pensionierung immer wieder mit dieser Missstimmung herumschlagen zu müssen. Und davor, dass ich irgendwann genauso verbittert auf mein Leben zurückblicken würde, wie es so viele meiner Klienten taten. Es musste etwas geschehen. Es musste! Wenigstens gelang es mir an diesem Abend, mich nicht mit Lebensmitteln und schlechten Nachrichten vor dem Flachbilddings vollzustopfen. So schlief ich ein wenig frustriert, aber doch voller Hoffnung neben Gabi ein.

Das Flugzeug ist startbereit. Die Triebwerke erzeugen bereits leichte Vibrationen. Stewardessen kontrollieren, ob alle angeschnallt sind, und machen dazu freundliche Gesichter. Links von mir – direkt am Fensterplatz – sitzt ein verschwitzter Mann um die fünfzig. Rechts von mir eine attraktive Frau. Sie macht einen weltgewandten Eindruck. Ich spüre eine unbändige Vorfreude in mir – es geht in den Urlaub. Wo sind Anne und Gabi? Wieso sitze ich zwischen wildfremden Menschen? Wo ist meine Familie?

Der Kapitän des Flugzeuges drückt den Gashebel nach vorne. Das Gewicht meines Körpers wird mit enormer Kraft in die Polsterung gepresst. Diese Kraft wird mich direkt an meinen Traumstrand befördern, wo ich mir endlich die wohlverdiente Auszeit gönnen kann! Meine Euphorie steigt. Die attraktive Frau neben mir macht hingegen einen ziemlich gelangweilten Eindruck. Bei ihr ist nichts von Vorfreude oder gespannter Erwartung zu bemerken. Sie vermittelt den Eindruck, als ob für sie dieser Flug eine ganz normale Angelegenheit sei, die sie schon unzählige Male über sich hat ergehen lassen. Ganz anders der verschwitzte Mann am Fensterplatz. Sein ganzer Körper ist angespannt. Seine Hände klammern sich verkrampft an den Sitzlehnen fest. Müdigkeit macht sich in mir breit. Ich schließe meine Augen. Plötzlich ein Sog. Ich kann mich ihm nicht entziehen. Wehre mich. Keine Chance! Ich werde in mich hineingezogen. Kämpfe vergeblich dagegen an. Ein Gefühl wie beim Achterbahnfahren – nicht unangenehm, doch unerwartet.

Ich finde mich in der Mitte einer riesigen, kuppelförmigen Halle – ähnlich einer Sternwarte – wieder. Der Boden dieses riesigen Raumes ist mit beigefarbenem Marmor ausgelegt. Die Oberfläche der Kuppel hat die gleiche unebene, von diversen Bahnen durchzogene Struktur, wie ich sie von dem Hirnmodell, das auf dem Schreibtisch meines Arztes steht, kenne. Immer wieder huschen Unmengen von Lichtblitzen über diese Struktur. Um mich herum absolute Stille. Rechts von mir stehen zwei überdimensionale Monitore mit der Rückseite zu mir. Sie dominieren diesen Teil der Halle. Mehrere in orangefarbene Overalls gehüllte Arbeiter stehen im Halbkreis vor den Monitoren. Sie lassen sie nicht aus den Augen. Keiner von ihnen wagt es, seinen Blick von den flimmernden Flächen – deren Farbenspiel sich in ihren Gesichtern widerspiegelt – zu nehmen. Plötzlich beginnen alle gleichzeitig – wie Sekretärinnen, die, ohne auf die Tastatur zu blicken, ihre Texte in einen Computer hämmern – diverse Knöpfe, Schalter und Hebel auf einem halbrunden Pult vor ihnen zu betätigen. Im selben Moment wird der kuppelförmige Raum von einem klickenden Geräusch erfüllt. Es hat seinen Ursprung in der Mitte der Halle. Da steht – auf einer erhöhten Plattform montiert – ein überdimensionaler Schalter, der optisch dem Lautstärkeregler einer klassischen Stereoanlage ähnelt.

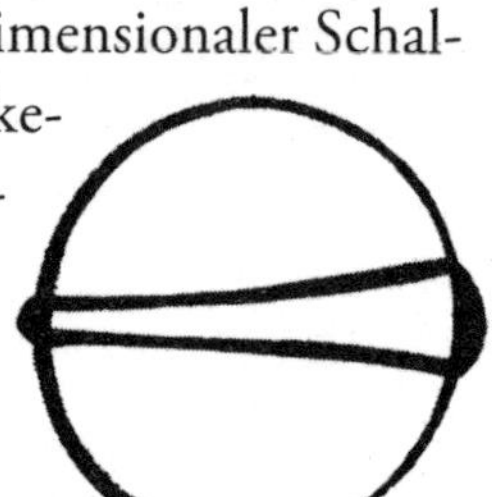

Er bildet das Herzstück des Ganzen und ist gerade dabei, sich nach oben zu bewegen – was die Ursache des klickenden Geräusches ist. Vom Sockel der Plattform führen mehrere armdicke, durchsichtige Leitungen weg. Nach wenigen Metern verschwinden sie im marmornen Boden. Seit der Schalter in Bewegung ist, pulsieren helle Lichtblitze zischend durch diese Leitungen. Ich habe den Eindruck, dass sich das Flimmern in der Struktur über mir in der ganzen Kuppel verstärkt. Gleichzeitig spüre ich, wie ein Wonneschauer meinen Körper durchströmt. Es hat den Anschein, als würden die Bewegung des Schalters, die Lichtblitze in den Leitungen, das Flimmern in der Kuppel und mein erhöhtes Wohlgefühl in direktem Zusammenhang stehen. Neugierig geworden will ich nun wissen, was den Blick der Arbeiter so in seinen Bann zieht. Ich nähere mich der Gruppe, die noch immer konsequent die Monitore beobachtet und sich auch nicht vom Klang meiner Schritte, den meine Absätze auf dem Marmorboden verursachen, ablenken lässt. Noch ist mir die Rückseite der Monitore zugewandt. Was gibt es da Aufregendes zu sehen? Endlich bin ich nahe genug, um einen Blick auf das Flimmern werfen zu können. Ich erkenne auf einem der Monitore den Innenraum eines riesigen Passagierflugzeuges. Man sieht alles aus der Position eines Passagiers, der auf seinem Platz sitzt. Er wendet nun gerade seinen Blick nach links. Ein verschwitzter, angespannter Mann um die fünfzig, der verkrampft am Fensterplatz sitzt, wird sichtbar. Aus großen Lautsprecherboxen ergießen sich all die Geräusche in die Halle, die im Innenraum des Flugzeuges zu hören sind. Selbst den Schweiß des Sitznachbarn kann man hier riechen. Auch die Vibrationen des Flugzeuges sind zu spüren. Kann das sein? Ich sehe, höre, rieche und spüre hier all das, was ich noch vor wenigen Augenblicken selbst im Flugzeug registriert habe. Alles, was ich im Flugzeug sah, wird auf diesen Monitor übertragen. Alles, was ich im Flugzeug hörte, tönt aus den riesigen Lautsprecherboxen. Und da – der zweite Monitor. Er ist kleiner als der erste. Und im Gegensatz zum ersten Monitor flimmert auf seiner Oberfläche nur ein unscheinbarer Text. Ich versuche ihn von meinem Platz aus zu lesen: »ES GEHT IN DEN URLAUB. WIE SEHR FREUE ICH MICH DARAUF. AN DIESEM TRAUMSTRAND KANN ICH MIR ENDLICH DIE VERDIENTE AUSZEIT GÖNNEN …« Aber?! Das …! Das sind doch meine Gedanken! Das ist es, was die orangen Männer nicht aus den Augen lassen! Sie beobachten ständig, was ich über das, was ich wahrnehme, denke. Und dies alles ist der Anlass dafür, dass sie ihre Knöpfe, Schalter und Hebel betätigen, was wiederum den riesigen Schalter in der Mitte der Halle in Bewegung bringt. Sobald das Klicken ertönte und der Schalter sich nach oben zu bewegen begann, wurde ich von Wohlgefühl durchflutet!

Kann das wirklich sein? Dass das, was ich denke, diesen Schalter betätigt? Kann es sein, dass dies ein »Gefühlsschalter« ist, den ich …?

Da! Ich spüre wieder den Sog. Nun befinde ich mich in einer anderen Halle. Sie ist jener von zuvor sehr ähnlich. Nur der Marmor ist dunkler und die Männer vor den Monitoren tragen keine orangen, sondern schwarze Overalls. Auch hier kann ich auf dem größeren Monitor den Innenraum des Flugzeuges sehen. Doch auf dem kleineren Monitor – ein anderer Text: »OH GOTT, WIE SOLL ICH DAS NUR ÜBERSTEHEN, DIESE GERÄUSCHE BEDEUTEN SICHERLICH NICHTS GUTES. WAS, WENN DER KAPITÄN EINEN FEHLER MACHT ODER …« Offensichtlich befinde ich mich nun im Kopf meines angespannten Sitznachbarn. Auch hier blicken die Männer gebannt auf das Flimmern der Monitore und beginnen ihre Schalter, Hebel und Knöpfe zu betätigen. Auch hier ertönt sofort das Klicken. Und der Schalter in der Mitte der Halle setzt sich in Bewegung. Doch er beginnt sich – im Gegensatz zu meinem Schalter – nach unten zu bewegen.

Sofort zeigen sich Lichtblitze in den armdicken Leitungen, die vom Sockel der Plattform wegführen. Genau dort, wo die Leitungen nach unten hin verschwinden, ist der Boden hier leicht durchsichtig. Ich kann sehen, wie sich die Lichtblitze im Körper meines Sitznachbarn nach unten bewegen. Direkt hin zu zwei nierenförmigen Gebilden. Ja! Es sind die Nieren! An deren Oberseite aufgesetzt sitzen kleine Hütchen. Erinnerungen an den Biologieunterricht kommen hoch. Das sind sicher die Nebennieren, die für die Erzeugung verschiedener Stresshormone zuständig sind. Und genau hier beginnen sich sofort Unmengen von kleinen Kügelchen in eine angrenzende Blutbahn zu ergießen. Gleichzeitig spüre ich panische Angst. Ich habe das Gefühl, erdrückt zu werden. Mein Atem stockt. Ich beginne zu schwitzen. Mein Herz schlägt mir bis zum Hals. Alle meine Muskeln verspannen sich. Ich kann kaum klar denken und …

Da – wieder der Sog. Alles ist vorbei. Und wieder befinde ich mich in einer anderen Halle. Der Boden ist mit hellgrauem Marmor ausgelegt. Statt der Männer sind hier Frauen in eleganten weißen

Overalls vor den Monitoren. Auch sie können ihren Blick nicht von den beiden Bildschirmen lösen. Auch hier zeigt der größere Monitor den Innenraum des Flugzeuges. Das Bild bewegt sich nun nach links und ich kann mich selbst und daneben einen angespannten, verschwitzten Mann erkennen. Offensichtlich befinde ich mich nun im Kopf der attraktiven Frau. Der unangenehme Druck von vorhin ist verschwunden. Ich bin entspannt und spüre – eigentlich nichts. Auf dem kleineren Monitor ist zu lesen: »NUN FLIEGE ICH DIESE STRECKE BEREITS DAS DRITTE MAL. ICH WERDE EIN WENIG SCHLAFEN …« Eine leichte Schwere macht sich bemerkbar. Die weißen Frauen stehen vor den Monitoren, ohne die Knöpfe und Schalter vor ihnen zu betätigen. Kein Klicken, keine Bewegung des Schalters …

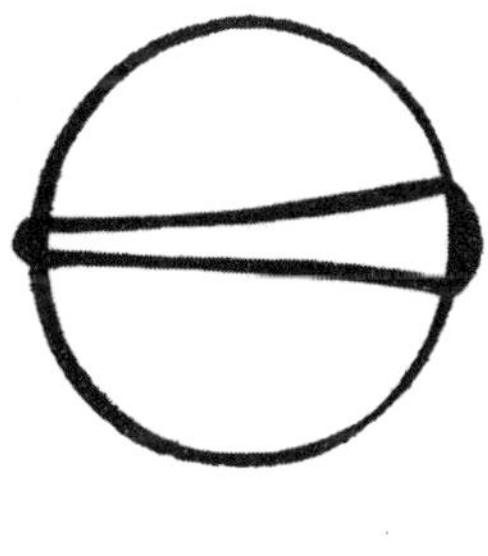

Langsam schlafe ich ein …

Der Wecker riss mich unbarmherzig aus dem Schlaf. Verwirrt versuchte ich mich zu orientieren. Wo war ich? Schlaftrunken öffnete ich meine Augen. Ich lag allein im Bett. Gabi schien schon vor dem dröhnenden Hämmern des blechernen Quälgeistes aufgestanden zu sein. War ich nicht noch vor Kurzem …? Ich versuchte mich zu erinnern. Da war … ein Flugzeug, eine Halle, Monitore … – langsam kamen die Erinnerungen zurück. Nach kurzer Zeit konnte ich mich an jedes Detail erinnern. Ich war verwirrt. Konnte es sein, dass mir dieser verrückte Traum zeigen wollte, wie das mit den Gefühlen funktionierte? Aber das war ja nur ein Traum! Und wenn doch was dran war? Ich wollte das herausfinden – auch wenn es verrückt schien. Ich wollte wieder der fröhliche Jakob Huber werden, der ich doch schon einmal gewesen war. Ich wusste zu diesem Zeitpunkt noch nicht, dass ich bereits in Kürze Gelegenheit bekommen sollte, den Wahrheitsgehalt dieses Traumes zu testen.

1755

Wie üblich verbrachte ich meine Mittagspause im Pausenraum des ersten Stockes. Die Wände dieses quadratischen Raumes waren mit einem beigen Anstrich versehen, der sicherlich schon bessere Zeiten gesehen hatte. Mehrere runde Tische, um die jeweils Holzsessel mit gepolsterten Sitzflächen gruppiert waren, standen im Raum verteilt. Zwei hohe Fenster sorgten für ausreichend Helligkeit. Von meinem Platz aus konnte ich ein paar Baumkronen sehen, die gerade von der Frühlingssonne in grelles Licht getaucht wurden. Neben dem Eingang ließen eine Mikrowelle, ein Elektroherd, eine Nirostaspüle und herumstehende Töpfe, Teller und Tassen die improvisierte Küche erahnen. Doch heute hatte ich Wichtigeres zu tun, als mich mit dem Aufwärmen eines mitgebrachten Mittagessens herumzuschlagen. Ein belegtes Brot tat es auch.

Es war bereits einige Zeit vergangen, seit ich die alten Bücher beim Entrümpeln entdeckt hatte. Der Dachbodenausbau war inzwischen von mir in Angriff genommen worden und machte enormen Spaß. Die sorgsam beiseitegelegten Casanova-Memoiren hätte ich fast vergessen, wären sie mir beim Arbeiten nicht immer wieder störend im Weg gewesen. Und nun lag einer der alten Wälzer vor mir. Ich stützte mein Kinn in eine Handfläche und schlug das unansehnliche Buch mit der anderen Hand auf. Es war der vierte von den zwölf Bänden. Sein Einband war – im Gegensatz zu den anderen – in besonders schlechtem Zustand, was meine Neugier zusätzlich weckte. Deuteten doch die starken Gebrauchsspuren darauf hin, dass dieser Band viel öfter gelesen worden war als all die anderen. Den Angaben auf den ersten Seiten konnte ich entnehmen, dass dieses Buch bereits mehr als fünfzig Jahre auf dem Buckel hatte. Ich blickte kurz hoch und sah in die ungläubigen Augen von Georg – einem sympathischen Arbeitskollegen, dessen Büro direkt neben meinem lag. Er hatte mir gegenüber Platz genommen und konnte es offensichtlich nicht glauben, dass ich statt der üblichen Zeitung ein Buch vor mir liegen hatte.

**Während der Messergrande meine Handschriften, meine Bücher und Briefe zusammenraffte, zog ich mich mechanisch an.*[1]

Es war der 25. Juli 1755. Venedig. Früh am Morgen. Casanova wurde vom Polizeipräsidenten – dem Messergrande – verhaftet. Im Auftrag der Inquisition.

Ich zog ein Spitzenhemd und meinen hübschen Rock

---

* Alle kursiv geschriebenen Texte sind Originalzitate von Giacomo Casanova.

an, alles ganz gedankenlos und ohne das Geringste zu sagen.[2]

Mit einer Gondel wurde Casanova weggebracht, Richtung Bleikammern. Damals eines der sichersten Gefängnisse der Welt – untergebracht im Dachboden des mit Bleiplatten gedeckten Dogenpalastes. Über die Seufzerbrücke trat er seinen Weg in die Gefangenschaft an.

»Das ist er, führt ihn ins Gefängnis!«[3], befahl der Polizeipräsident den Wachen.

Niedergeschlagen fand sich Casanova in einer kleinen, dunklen, von der Sonne aufgeheizten Zelle über den Dächern Venedigs wieder. So ganz wollte der elegante Mann in seinem schönen Seidenmantel und dem eleganten Hut nicht in diese Umgebung passen. Nicht wissend, was auf ihn zukommen würde, schlief er – von düsteren Ahnungen gequält – doch noch ein. Es war Mitternacht. Die Glocken von San Marco schlugen gerade. Sie holten Casanova in die grausame Wirklichkeit zurück.

Ich konnte nicht glauben, dass ich drei Stunden verbracht hatte, ohne irgendein Unglück zu fühlen. Ich lag auf der linken Seite und streckte, ohne meine Stellung zu ändern, den rechten Arm aus, um nach meinem Taschentuch zu greifen, das ich meiner Erinnerung nach bestimmt dorthin gelegt hatte. Als meine Hand sich vortastete, mein Gott, wie erschrak ich, als ich dort eine andere vorfand, die kalt war wie Eis. Das Entsetzen schüttelte mich von Kopf bis zu den Füßen, und alle meine Haare sträubten sich. Nie in meinem Leben war meine Seele so von Schrecken erfüllt, und ich hätte das auch nie für möglich gehalten. Ich verbrachte sicherlich drei oder vier Minuten nicht nur unbeweglich, sondern auch unfähig, irgendetwas zu den-

ken. Als ich mich wieder etwas gefasst hatte, wollte ich mir einreden, dass die Hand, die ich berührt zu haben glaubte, nur in meiner Einbildung existierte; in dieser festen Annahme griff ich von neuem mit der Hand nach der gleichen Stelle und fand die gleiche Hand. Mir lief es kalt über den Rücken, ich stieß einen durchdringenden Schrei aus, ich fasste sie an und ließ sie zurückzuckend wieder los. Ich erbebte; als ich wieder Herr meiner Überlegung war, kam ich zu dem Schluss, dass man, während ich schlief, eine Leiche neben mich gelegt hatte; denn ich war sicher, dass der Boden leer war, als ich mich niederlegte. Ich dachte sogleich an die Leiche irgendeines schuldlosen Unglücklichen, vielleicht eines Freundes, den man erdrosselt und so neben mich gelegt hatte, damit ich ihn bei meinem Erwachen neben mir finden sollte, als Beispiel des Loses, das ich zu erwarten hatte. Dieser Gedanke machte mich rasend; ich streckte zum dritten Mal meinen Arm nach der Hand aus, ich ergreife sie und will mich gleichzeitig erheben, die Leiche heranziehen und mich von der ganzen Grausamkeit dieser Tatsache überzeugen; aber als ich mich auf meinen linken Ellbogen stützen will, wird die kalte Hand, die ich erfasst hatte, lebendig und zieht sich zurück. Im gleichen Augenblick stellte ich zu meiner großen Überraschung fest, dass ich in meiner rechten Hand nichts anderes hielt als meine linke Hand, die eingeschlafen und abgestorben war und ihre Bewegungsfähigkeit, Gefühl und Wärme verloren hatte.[4]

Ein lautes Lachen entkam mir. Georg, der mir noch immer gegenüber saß, wäre vor lauter Schreck fast vom Sessel gekippt. Fragend sah er mich an. »War gerade ziemlich witzig«, versuchte ich zu erklären und las weiter.

Ich blieb bis gegen fünf Uhr sitzen; der neue Morgen begann zu dämmern. Die Sonne musste bald aufgehen; mich verlangte nach dem Anblick des Tageslichts. Ein Vorgefühl, das ich für untrüglich hielt, ließ mich glauben, dass man mich nach Hause schicken würde.[5]

Beweise

Das Telefon auf meinem Schreibtisch klingelte so aufdringlich wie schon lange nicht mehr. Nur um dieses unangenehme Geräusch so schnell wie möglich abzustellen, griff ich rasch zum Hörer. »Huber«, meldete ich mich forsch. »Spreche ich mit Jakob Huber?«, meldete sich die unbekannte Stimme am anderen Ende der Leitung. »Ja«, war meine kurze Antwort. »Sind Sie vielleicht der Jakob Huber, der einmal in der Nähe des Alleewegs gewohnt hat?« »Ja«, antwortete ich – neugierig geworden – schon etwas freundlicher. »Hab ich mir's doch gleich gedacht, dass du das bist«, sagte die mir noch immer unbekannte Stimme. »Ich bin es, Anton Blaschek – na, dämmert's?« »Ja natürlich! Hallo, Toni«, antwortete ich erfreut. »So ein Zufall. Erst kürzlich habe ich an dich gedacht.« »Habe ich mir fast gedacht, dass du der alte Jakob von früher bist. Die Tante meiner Frau hat einen Pensionsantrag gestellt. Sie hat mich gebeten, ihr beim Ausfüllen der Formulare ein wenig zur Hand zu gehen. Und auf einem dieser Schreiben habe ich dann deinen Namen gelesen. Ich hatte gleich so eine Ahnung. Hast du Lust, dich in den nächsten Tagen mit mir zu treffen?« »Ja, das würde ich gerne. Es gibt sicherlich viel zu erzählen«, antwortete ich. »Ja, das gibt es tatsächlich«, erwiderte Toni. »Treffen wir uns übermorgen um siebzehn Uhr im Florida?«, schlug ich vor. »Ja gibt es denn dieses alte Café noch?« Nachdem ich bejahte, willigte Toni freudig ein. »Also dann bis übermorgen!«

Zwei Tage später. Ich hatte einen besonders dicken Akt vor mir liegen. Bereits seit mehreren Tagen hatte ich die Bearbeitung dieses Aktes aufgeschoben. Mir graute davor, denn ich wusste, dass es kein normaler Routinefall war. Aber was soll's. Heute war der Tag, an dem ich Toni treffen sollte. Ich freute mich schon richtig darauf. Ich hatte mich schon lange nicht mehr mit jemandem über die guten alten Zeiten unterhalten. Gerade hatte ich widerwillig den Deckel des dicken Dossiers geöffnet, da unterbrach ein Läuten jäh die Stille. »Hallo, Jakob«, meldete sich Toni, den ich heute sofort erkannte. »Leider muss ich unsere Verabredung kurzfristig absagen. Ich muss überraschend ins Ausland. Aber ich melde mich bei dir, sobald ich wieder da bin.« Ich wünschte Toni noch alles Gute und wandte mich ein wenig enttäuscht wieder meinem komplizierten Akt zu. Na ja. Wenigstens war es bereits Donnerstag.

Samstag. Anne verbrachte den Abend bei einer Freundin. Und wir wollten es uns in einem kleinen

Kino ganz in der Nähe gemütlich machen. Sieglinde und Wolfram – das Künstlerpärchen mit dem Pritschenwagen – hatten uns einen Film so begeistert ans Herz gelegt, dass wir neugierig ihren Empfehlungen folgten. Es war schon Ewigkeiten her, dass wir uns solch einen Abend gegönnt hatten. Wir schlenderten entspannt durch den lauen Frühlingsabend zu dem alten Vorstadtkino, welches im Erdgeschoss eines alten Mietshauses untergebracht war. Ein schweres Holztor gab den Weg zu einem langen Gang frei. Links und rechts an den Wänden waren Schaukästen mit Bildern angebracht, die fantasievoll versuchten, Lust auf mehr zu machen. Ein vergilbter roter Teppich wies den Weg zu einem geräumigen Foyer. Hier war noch alles so, wie wir es aus unserer Jugendzeit kannten. Die Kinokassa war noch immer in einem alten Glaskasten untergebracht. Und hinter der Glaswand saß wie früher eine freundliche Dame, die uns – gut gelaunt – die gewünschten Karten verkaufte. Neben dem Glaskasten befand sich eine altmodische Bar. Sie verführte die Wartenden zu Popcorn, Getränken und Naschereien unterschiedlichster Sorten. Alte Thonetsessel und -tische luden zum Platznehmen ein. Es war noch ein wenig Zeit bis zum Filmbeginn. Wir zogen es vor, direkt vor der schwarz furnierten Eingangstür zum einzigen Kinosaal, den dieses liebenswerte Kino zu bieten hatte, zu warten. Wir waren die Ersten, die sich in Startposition begaben. Gabi schmiegte sich an mich, wie sie es schon bei unseren Kinobesuchen vor unserer Eheschließung getan hatte, was ich – wie schon damals – genoss. Langsam formte sich eine kleine Menschenschlange, deren Kopf wir beide bildeten. Fröhliches Gemurmel, heitere Gesichter und gute Gefühle umgaben uns. Das Ertönen einer Glocke kündigte den bevorstehenden Beginn der Vorstellung an. Die große Tür wurde von innen durch eine gepflegte Hand geöffnet. Sie gehörte zu einem grinsenden Billeteur, der uns freundlich begrüßte. Beschwingt entwertete er unsere Karten und gab den Weg frei. Auch der Kinosaal war noch genau so, wie wir ihn von früher kannten. Klassische Holzklappsessel, Sitzflächen und Rückenlehnen mit rotem Samt bespannt. Ein schwerer Samtvorhang in derselben Farbe verdeckte noch den Blick auf die Leinwand. Messingleuchter an den Seitenwänden spendeten der Kulisse warmes Licht. Der festliche Raum erinnerte mehr an einen Theatersaal als an ein Kino. Wir nahmen unsere Plätze am Ende der vorletzten Reihe, direkt an der Wand, ein. Langsam begann sich der Saal zu füllen. Neben mir nahm ein Paar in unserem Alter Platz.

Angeregt unterhielten sich die beiden über den bevorstehenden Film. Das langsam verlöschende Licht nahm dem Raum die Geräusche und wir tauchten in die Fantasien anderer Menschen ein. Sieglinde und Wolfram hatten nicht zu viel versprochen. Der Film war wirklich ein Genuss. Gestört wurde dieser jedoch vom ständigen Geplapper meines Sitznachbarn. Er fühlte sich bemüßigt, ständig das Geschehen auf der Leinwand für seine Partnerin zu kommentieren. Egal, was die Darsteller taten. Er dokumentierte ständig gut hörbar, was gerade zu sehen war. Schön langsam begann dies zu nerven. Ich spürte, wie in mir Aggression hochkam. War ich doch da, um den Film zu genießen, und nicht, um mir die Kommentare dieses Wichtigtuers anzuhören. Meine Muskeln begannen sich immer mehr zu verspannen. Eine heiße Welle bahnte sich inzwischen ihren Weg von der Mitte meines Körpers Richtung Kopf. Und in meiner Magengegend machte sich immer stärker ein Gefühl von Unwohlsein bemerkbar. Schon wieder begann er zu kommentieren. Ich drehte meinen Kopf in seine Richtung. Einige gut gewählte Worte, die ich mir inzwischen für ihn zurechtgelegt hatte, wollten gerade meinen Mund verlassen. Da fiel mein Blick auf die Jacke seiner Partnerin, die sie über einen leeren Sitz direkt vor sich gelegt hatte. Obwohl es dunkel war, konnte ich auf einem der Ärmel eine gelbe Binde mit drei schwarzen Punkten erkennen. Mein Ärger, die Muskelanspannung und das flaue Gefühl im Magen waren sofort wie weggeblasen und wurden von einem Gefühl der Betroffenheit abgelöst. Ich kam mir richtig blöd vor. Verstohlen musterte ich die Frau. Sie trug extrem dicke Brillengläser. Seine Hand ruhte in der ihren. Er bemühte sich weiter redlich, ihr mit seinen Worten den Genuss zu verschaffen, der ihr durch ihre sehschwachen Augen verwehrt blieb. Und in mir ging in der Zwischenzeit eine zauberhafte Verwandlung vonstatten. Nicht nur, dass mich die Kommentare meines Sitznachbarn bis zum Ende des Filmes nicht mehr störten. Ich fand es sogar richtig toll, wie liebevoll dieser Mann mit seiner Partnerin umging.

Gabi schlief bereits tief und fest. Ich lag aufgewühlt neben ihr. Dieses Erlebnis im Kino beschäftigte mich noch immer. Ich ließ es nun bereits zum x-ten Mal vor meinem geistigen Auge Revue passieren. Zuerst hatte ich angenommen, dass es sich bei meinem Sitznachbarn um einen richtig unangenehmen Wichtigtuer handelte. Und dabei hatte ich mich ziemlich mies gefühlt. Als ich jedoch sah, dass er nur deshalb seine Kommentare abgab, weil er seiner fast blinden Begleiterin einen unterhaltsamen Abend ermöglichen wollte, war meine schlechte Laune sofort wie weggeblasen. Im selben Moment, als sich meine Gedanken änderten, veränderten sich auch meine Gefühle.

Aber …! Das war doch genau das, was ich bereits in meinem verrückten Traum erlebt hatte! Der große Monitor zeigte die aktuelle Situation, die ich, der verschwitzte Mann und die attraktive Frau gerade erlebten, der kleine Monitor hingegen die Gedanken, die wir uns dabei machten. Ich freute mich auf den Flug und fühlte mich dabei richtig gut. Die Gedanken meines verschwitzten Sitznachbarn ließen die Situation hingegen in einem sehr unangenehmen Licht erscheinen, was auch sofort mit einem recht unangenehmen Gefühl quittiert wurde. Und der attraktiven Frau neben mir war der Flug ziemlich egal. Ihre Gedanken gaben so ihrem Gehirn nicht den geringsten Anlass, ihren Gefühlsschalter zu bewegen, weshalb sie auch vollkommen gelassen blieb. Egal, was jeder von uns dachte, unsere Gedanken bewirkten sofort, dass in unserem Kopf der Gefühlsschalter der jeweiligen Sichtweise folgte.

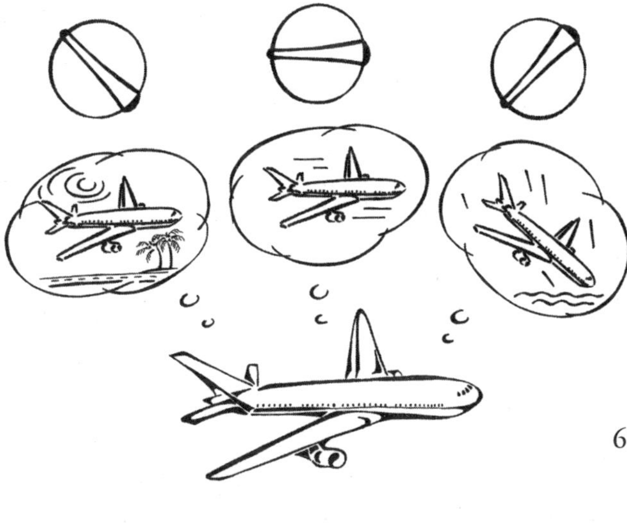

Und die so erzeugte Schalterposition aktivierte sofort dazupassende Nervenimpulse (Lichtblitze), die eilig ihren Weg in den Körper antraten und dabei entsprechende Hormone aktivierten. Nachdem die Chemikalien sich in den Blutkreislauf ergossen, wurden sie sofort als Gefühl spürbar. Und da jeder von uns anders dachte, fühlte sich auch jeder von uns anders. Und das, obwohl wir alle im selben Flugzeug saßen. Dies war zwar nur ein Traum gewesen, doch das Erlebnis im Kino war real. Solange ich meinen Sitznachbarn als Wichtigtuer gesehen hatte – ich also meinen Gefühlsschalter durch mein Denken nach unten zwang –, fühlte ich mich schlecht. Doch sobald ich die andere Sichtweise einnahm, waren die unangenehmen Gefühle verschwunden.

War es wirklich so einfach? War wirklich ich es, der für seine Gefühle verantwortlich war?

Ich hatte noch niemandem von meinem Traum erzählt, nicht einmal Gabi. Er erschien mir zu verrückt. Und ich wollte mich ja nicht lächerlich machen. Doch jetzt hatte ich die ersten Beweise. Ich war meinem gesprächigen Sitznachbarn inzwischen sogar ziemlich dankbar. Bis jetzt dachte ich immer, dass die Umstände für meine Gefühle verantwortlich waren. Doch offenbar war es anders. Ich begann, in meinen Erinnerungen zu kramen. Als mich vor Kurzem Herr Frisch in sein Büro rief, da fühlte ich mich bereits zwei Stunden vor dem Gespräch ziemlich mies, obwohl es – wie sich im Nachhinein herausstellte – gar keinen Grund dafür gab. Doch meine Gedanken ließen damals gar kein anderes Gefühl zu. Dann war da auch noch mein Erlebnis am Alleeweg. Auch dort passten alle Gefühle genau zu meinen Gedanken. Am liebsten hätte ich Gabi ob meiner fantastischen Entdeckung aufgeweckt.

Ein metallisches Plärren drang gewaltsam an mein Ohr und riss mich aus dem Schlaf. Wie gewohnt, war Gabi bereits aufgestanden. Ich hatte heute kein Bedürfnis, den Wecker nachzustellen. Das Leben wartete auf mich. Und ich hatte nicht vor, es warten zu lassen.

Frösche

Ich führte heute mit einigen Klienten wirklich tolle Gespräche. Eigentlich war meine Arbeit ziemlich sinnvoll. War ich es doch, der am Ende eines Arbeitslebens den Menschen die Früchte ihrer Arbeit überreichen durfte. Außerdem konnte ich so auch am Schicksal vieler Menschen teilhaben. Vielleicht gab es da und dort sogar etwas, was ich von diesen Menschen lernen konnte? Heute hatte ich mir vorgenommen: Wann auch immer meine Gedanken versuchten, mir den Tag zu vermiesen, würde ich nach Alternativen suchen. Ich hatte es satt, meine Aufmerksamkeit nur auf das zu richten, was mir schlechte Gefühle bescherte. Dazu war meine Lebenszeit zu kostbar. Im Laufe des Tages versuchten sich immer und immer wieder destruktive Gedanken aufzudrängen. Anscheinend war das zu einer richtig starken Gewohnheit geworden. Doch heute war ich wachsam. Und meine Arbeit machte mir richtig Spaß. Wahrscheinlich war auch ein wenig Glück im Spiel. Denn ich hatte durchwegs sehr sympathische und freundliche Klienten zu betreuen.

Gut gelaunt verließ ich das Amtsgebäude. Der Himmel war wolkenverhangen, starker Regen erzeugte klopfende Geräusche. Ich huschte mit hochgezogenem Kragen zu meinem Wagen. Beschwingt öffnete ich die Tür und steckte den Zündschlüssel ins Schloss, um den Motor zu starten. Gewohnheitsmäßig wanderten die Finger meiner rechten Hand zum Einschaltknopf des Radios. Sofort ertönte die vertraute Stimme eines Nachrichtensprechers. »Um fünfzehn Uhr mitteleuropäischer Zeit stürzte heute vor der Küste Großbritanniens …« – meine rechte Hand wanderte nochmals spontan zum Radio und tauschte die Stimme des Sprechers gegen angenehme Musik.

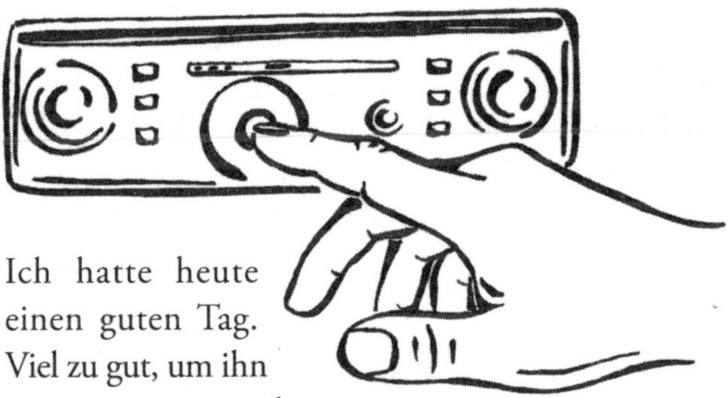

Ich hatte heute einen guten Tag. Viel zu gut, um ihn jetzt zerstören zu lassen. Alles in mir sträubte sich bei dem Gedanken, sich jetzt mit den Grauslichkeiten, die heute vielerorts passiert waren, auseinanderzusetzen. Zwar sagte eine innere Stimme zu mir: »Du kannst doch nicht die Augen vor der Realität verschließen.«

Doch auch eine andere Stimme meldete sich zu Wort: »Niemandem ist geholfen, wenn es dir durch den Nachrichtenkonsum schlechter geht als davor.« Beschwingte Musik begleitete mich weiter – hinein in einen angenehmen Abend.

Freitagnachmittag. Ich schlenderte die Straße entlang. Gabi benötigte heute das Auto. Es gab zwar direkt vor dem Amt eine Bushaltestelle, aber irgendwie gefiel es mir besser, mich zu Fuß auf den Nachhauseweg zu machen. Eine angenehme Arbeitswoche lag hinter mir. Ich hatte viele ungeliebte Akten erledigen und einige angenehme Gespräche führen können. Seit ich verstärkt darauf achtete, worauf ich meine Aufmerksamkeit lenkte und wie ich mich dabei fühlte, schien ich wesentlich mehr Energie zur Verfügung zu haben. Mein Schalter bewegte sich nicht mehr so oft nach unten. Und obwohl ich diese Woche jeden Abend bis spät in die Nacht im Dachboden herumgewerkt hatte, fühlte ich mich in der Früh immer völlig ausgeruht. Kein einziges Mal hatte ich das Bedürfnis, den Wecker nachzustellen. Gestern war ich sogar aufgewacht, bevor der Wecker zu plärren begonnen hatte.

»Jakob! Kennst du mich nicht mehr?«, rief mir eine Frauenstimme entgegen. Es war Elisabeth, die plötzlich vor mir stand. Ich war so in Gedanken, dass ich sie gar nicht hatte kommen sehen. Elisabeth war eine alte Schulfreundin. Wir hatten zwar in unterschiedlichen Klassen, jedoch im selben Jahrgang die Handelsakademie abgeschlossen. Ich konnte sofort an ihrem Gesichtsausdruck erkennen, dass sie Kummer hatte. Doch das war bei ihr nichts Neues. Schon während der Schulzeit war sie immer in der Lage gewesen, jeder Situation etwas Negatives abzugewinnen. Inzwischen hatte sie darin sicherlich Meisterschaft erlangt. Selbst wenn sie für eine Prüfung ausreichend gelernt hatte, ging sie immer vom Schlimmsten aus. So sah sie sich des Öfteren auch im Turnunterricht vom Schwebebalken fallen, bis es ihr schließlich gelang, dieses Vorhaben tatsächlich in die Tat umzusetzen. Am nächsten Tag trug sie in der Schule ihren gebrochenen Unterarm wie eine Trophäe in einer Stoffbinde vor sich her. Und jeder – ob er es hören wollte oder nicht – bekam von ihr den Satz zu hören: »Seht ihr, das hab ich ja kommen sehen!« Sie war schon immer eine Meisterin darin, die Welt in den düstersten Farben zu betrachten.

Sicherlich war es nun schon mehr als ein Jahrzehnt her, dass ich sie das letzte Mal gesehen hatte. Deshalb ließ ich mich von ihr auch gerne zu einem Kaffee überreden. Kaum hatten wir in einem nahegelegenen Kaffeehaus Platz genommen, ergriff Elisabeth das Wort, um mir in allen Details darzulegen, wie ungerecht, grausam und mitleidslos das Leben mit ihr umging. Sie hatte nach der Schulzeit eine Arbeit in der Verwaltung eines großen Kaufhauses angenommen. Als sie kurz danach schwanger wurde, zog sie sich ins Hausfrauendasein zurück. Nach einigen Jahre zu Hause fiel ihr die Decke auf den Kopf. Sie war sich nicht sicher, ob sie von ihrem Ehemann betrogen wurde. Und auch ihr Kind – ein neunjähriger Bub – gab ihr genügend Grund zur Sorge. Es passierte ja tagtäglich so viel Schreckliches. Während ihrer Erzählung schaffte sie es, in kürzester Zeit meine Schalterstellung der ihren anzupassen. Gaben ihre Worte meinem Gefühlsschalter doch genügend Anlass, sich nach unten zu bewegen. Doch vielleicht konnte ich sie ein wenig aufheitern? Martin, ein lieber Freund, hatte mir schon vor Längerem eine Geschichte erzählt, die sicherlich helfen würde, ihre Stimmung ein wenig aufzuhellen:

Zwei Frösche – ein größerer und ein kleinerer –, die sich in der Nähe eines Bauernhofes mit lebhaftem Herumspringen die Zeit vertrieben, landeten während ihres übermütigen Treibens in einem hohen, mit Milch gefüllten Eimer. Die metallenen, hoch aufragenden, glatten Wände des Eimers hielten sie gefangen – das Missgeschick nahm seinen Lauf. So gut sie konnten, hielten sie sich an der

Oberfläche des Milchsees, der ihr Schicksal zu besiegeln schien. Nach mehreren Stunden des aussichtslosen Tuns wurde der größere Frosch immer müder. Anfangs noch in der Hoffnung, irgendwie gerettet zu werden, sah er nun keine Möglichkeit mehr, Rettung zu erfahren. »Ich schaffe es nicht mehr!«, quakte er den Kleineren an. Dieser versuchte ihm noch Mut zu machen: »Habe Mut, irgendwie werden wir es schaffen!« Aber all sein Bemühen war umsonst, der größere Frosch hatte bereits die Hoffnung verloren. Mehr und mehr verließen ihn seine Kräfte und der kleine Milchsee wurde so zu seinem Grab. Der kleine Frosch zog – alleingelassen – unermüdlich seine Kreise weiter. »Irgendwie komme ich da raus.« Dieser Gedanke, der immer wieder in seinem kleinen Froschgehirn aufblitzte, gab ihm die Kraft, weiterzustrampeln. Es mussten seit dem Tod des größeren Bruders bereits einige Stunden vergangen sein und der kleine Frosch bemerkte, wie seine Glieder beim Versuch, am Leben zu bleiben, immer müder wurden. Doch keinen Augenblick dachte er daran, aufzugeben und es seinem größeren Kameraden gleichzutun. Schließlich kam dann doch der Zeitpunkt, wo all seine Kräfte aufgebraucht waren. Er fühlte, wie seine Bewegungen immer langsamer wurden und sein Körper bereits tiefer sank. Doch plötzlich! Was war da? Er spürte, dass er auf etwas

Festem zu stehen kam. Es war ein Klumpen Butter, den er durch sein unermüdliches Strampeln geschlagen hatte. Er wartete ein wenig, um Kraft zu tanken. Und dann: Mit einem riesigen Satz sprang er aus dem Eimer Richtung Freiheit.

Elisabeth sah mich mit verwunderten Augen an, die zu fragen schienen: »Was hat das alles mit mir zu tun?« Und aus ihrem Mund folgten die Worte: »Wäre ich dieser Frosch gewesen, wäre ich sicherlich an einer Milchallergie gestorben!«

Ja! Sie hatte wirklich Meisterschaft darin erlangt, die Welt in den düstersten Farben zu sehen!

Nachdem wir uns getrennt hatten, setzte ich meinen Weg nach Hause fort. Ein Lächeln huschte über mein Gesicht. Ich musste an Casanova denken. Daran, wie er seine eigene, kalte Hand festhielt und sich dabei schrecklich fühlte. Wie lange er gebraucht hatte, um zu bemerken, dass die Ursache für seine schrecklichen Gefühle am anderen Ende der kalten Hand zu finden war. Er selbst!

Casanova

Inzwischen hatten sich Georg und die anderen Kollegen daran gewöhnt, dass ich mich in der Mittagspause nicht in einen üppig gefüllten Teller, sondern in ein altes, unansehnliches Buch vertiefte. Ich genoss es richtig, immer wieder in Casanovas Welt einzutauchen.

So lebte ich vor mich hin und redete mir alle Tage ein, man werde mich nach Hause schicken; ich legte mich nie ohne eine Art von Gewissheit nieder, man werde am nächsten Tag kommen und mir sagen, ich sei frei. Aber da ich in meinen Hoffnungen immer wieder enttäuscht wurde, überlegte ich, dass man für mich einen Termin festgesetzt haben könne, und kam so zum Schluss, es könne sich spätestens um den ersten Oktober handeln, weil dann die neuen Inquisitoren ihr Amt antraten. Meine Haft sollte also meiner Meinung nach so lange dauern, als die derzeitigen Inquisitoren im Amt waren.[6]

Doch auch der 1. Oktober verging und der Einzige, den Casanova regelmäßig zu Gesicht bekam, war der Wärter Lorenzo – ein einfältiger Mann. Lorenzo kümmerte sich um den geregelten Ablauf in den Bleikammern. Und manchmal machte er für jene Gefangenen, die ein wenig Geld hatten, Einkäufe, um für sie Lebensmittel und anderes, was das Tribunal genehmigt hatte, zu besorgen.

Casanova wusste noch immer nicht, warum er verhaftet und in diese schreckliche Umgebung gebracht worden war. Er wusste nicht, dass er sich mit seinem freigeistigen, aufgeklärten Denken Feinde bei der Inquisition gemacht hatte und so wegen angeblicher Gottlosigkeit zu fünf Jahren Gefängnis verurteilt worden war. Doch auch ohne dieses Wissen wurde ihm langsam klar, dass man für ihn einen längeren, vielleicht sogar unbefristeten Aufenthalt vorgesehen hatte.

Ich hielt es für möglich, dass man aus Gründen, die ich nicht erraten konnte, beschlossen hatte, mich hier für den Rest meiner Tage festzuhalten. Denn ich wusste, dass ich in der Lage war, nur sehr kurze Zeit hier zu bleiben, sobald ich mich entschlossen hatte, mir die Freiheit unter Einsatz meines Lebens zu verschaffen.[7]

Nun begann der Plan für eine tollkühne Flucht zu reifen. Anfang November 1755 fasste Casanova den Entschluss,

mit Gewalt den Ort zu verlassen, an dem man mich mit Gewalt festhielt; dieser Gedanke wurde mein einziger. Ich begann hundert Mittel zu suchen, zu erfinden, zu prüfen, um mein Unterfangen zum Ziel zu führen, das vor mir mehrere versucht haben mochten, ohne dass ein einziger Erfolg gehabt hätte.[8]

Casanova kam zu dem Schluss, dass der aussichtsreichste Fluchtweg der durch den Fußboden seines Kerkers war, welcher sich über dem Sitzungssaal der Inquisition befand. Es fehlte ihm zwar noch das passende Werkzeug, das ihm diesen Fluchtweg öffnen sollte. Doch sein Denken ließ kein Scheitern zu.

Ich habe immer daran geglaubt, dass ein Mensch, der es sich in den Kopf setzt, irgendeinen Plan auszuführen, und sich mit nichts anderem beschäftigt, trotz aller Schwierigkeiten zum Ziel kommen muss.[9]

Und es sollte nicht lange dauern, dass Casanova seiner Flucht einen großen Schritt näher kam. Es war den Gefangenen erlaubt, sich in dem Dachbodenbereich, der nicht mit Zellen verbaut war, ab und zu die Beine zu vertreten. Dabei entdeckte er unter einem Haufen Gerümpel die Lösung für sein Problem.

Ich bemerkte auch eine Art Riegel, ganz gerade, daumendick und eineinhalb Fuß lang.[10]

Diesen ungefähr fünfzig Zentimeter langen Metallriegel (»Spuntone«) schmuggelte Casanova in seine Zelle. Er versteckte ihn im Stroh seines Lehnstuhls, den er mit Genehmigung des Tribunals – neben einigen Büchern und anderem Kleinrat –

haben durfte. So begann er – von Lorenzo unbemerkt – Span für Span direkt unter seinem Bett den Fußboden mit einem langsam immer größer werdenden Loch zu versehen. Am 23. August 1756 – also mehr als ein Jahr nach seiner Inhaftierung – war seine Arbeit endlich vollendet. Er ließ nur eine dünne Schicht übrig, die ihn jetzt noch von den darunterliegenden Räumen der Inquisition trennte. Diese sollte erst durchstoßen werden, wenn er sich aufmachte, den Kerker zu verlassen. Dazu wollte er noch einige Tage warten, um den günstigsten Zeitpunkt abzuwarten. Doch dann – am 25. August – geschah das Unvorstellbare:

Lorenzo betrat den Dachboden, brachte sein Gesicht dicht an das Gitter und sagte mir in freudigem Ton: »Ich beglückwünsche Sie zu der guten Nachricht, die ich Ihnen bringe.« Da ich zuerst glaubte, es handle sich um meine Freiheit, fühlte ich mich verloren; denn ich wusste nicht, was eine gute Nachricht anderes hätte bedeuten sollen. Die Entdeckung des Loches hätte zum Widerruf meiner Begnadigung geführt.

Lorenzo kam herein und heißt mich, ihm zu folgen. »Warten Sie, bis ich mich angezogen habe.« »Nicht nötig, denn Sie kommen nur aus diesem garstigen Kerker in einen anderen, hellen und ganz neuen, von dem aus Sie durch zwei Fenster halb Venedig sehen werden, wo Sie aufrecht werden stehen können, wo …«[11]

Casanova blieb nichts anderes übrig, als sich dieser »guten Nachricht« zu ergeben. Der einzige Lichtblick war, dass auch der Lehnstuhl, in dem der Riegel versteckt war, in die neue Zelle verlegt wurde.

Wie durch Watte hörte ich hinter mir ein Klirren. Einem Kollegen war ein Glas vom Tablett, das er gerade zum Küchenblock tragen wollte, gefallen. Einige Klienten später fand man mich in meinem Büro regungslos vor einem geöffneten Akt sitzen, der es jedoch nicht schaffte, meine Aufmerksamkeit auf sich zu lenken. Meine Gedanken waren noch immer bei Casanova. Auf dem Nachhauseweg begleitete mich wieder angenehme Musik. Eigentlich wollte ich heute Abend wieder im Dachboden arbeiten. Doch mein Plan änderte sich. Ich musste unbedingt wissen, wie es Casanova ergangen war. So machte ich es mir bereits kurz nach dem Abendessen im Bett gemütlich. Sofort zogen mich Casanovas Worte wieder in ihren Bann.

Wie vor den Kopf geschlagen und ohne den geringsten Widerspruch erhob ich mich, verließ die Zelle und fühlte sogleich eine gewisse Erleichterung, als ich hörte, wie Lorenzo einem seiner Männer befahl, mit dem Lehnstuhl nachzukommen. […] Ich hätte gern gesehen, wenn mir auch das schöne Loch gefolgt wäre, das ich mit solcher Mühe gemacht hatte und das ich nun zurücklassen musste.[12]

Casanova war wie betäubt.

Die einzige Erleichterung, die ich mir verschaffen konnte, war, nicht an die Zukunft zu denken.[13]

Natürlich entdeckte Lorenzo beim Räumen der Zelle bald das Loch. Dennoch meldete er es nicht dem Tribunal. Hätte er sich doch damit dem Vorwurf ausgesetzt, unachtsam gewesen zu sein. Doch ab jetzt war Casanova der bestbewachte Bewohner der Bleikammern. Vor allem der Boden seiner neuen Zelle wurde regelmäßig kontrolliert. Und Lorenzo wusste sich für Casanovas frivole Tat mit stinkendem Wasser, verfaultem Salat und verdorbenem Fleisch zu rächen. Trotzdem war Casanova nicht bereit, seinen Fluchtplan aufzugeben. Bei den nun täglichen Kontrollen stellte er fest, dass nie die Decke seiner Zelle kontrolliert wurde.

Diese Beobachtung brachte mich auf den Plan, durch das Dach zu fliehen; aber um das Projekt zur Reife zu bringen, waren Umstände nötig, die nicht von mir abhingen, denn ich konnte nichts tun, das nicht aufgefallen wäre.[14]

Und das Schicksal war gnädig. Den Gefangenen der Bleikammern, die Bücher besaßen, war es gestattet, sich gegenseitig diese Bücher auszuleihen.

Ich war weniger darauf aus, mich dieser gelehrten

Lektüre hinzugeben, als die Gelegenheit zu ergreifen, einen Briefwechsel mit irgendjemandem einzufädeln, der mir bei einem Fluchtplan helfen konnte, den ich bereits im Kopf entworfen hatte.[15]

So gelang es Casanova, einen regen Briefwechsel mit einem Mitgefangenen – dem Mönch Marin Balbi – aufzubauen. Es wurden – im Rücken des jeweiligen Buches versteckt – geschriebene Botschaften ausgetauscht. Lorenzo, der die Bücher ohne Argwohn zwischen den Zellen hin und her trug, wurde so ungewollt zum Boten. Und Casanova wusste ganz genau, was er wollte. Und er hatte noch immer seinen Riegel,

aber ich konnte mich seiner unmöglich bedienen, denn jeden Morgen wurde mein Kerker mit Stockschlägen in allen Ecken mit Ausnahme der Decke abgeklopft. Mir blieb daher nur die Möglichkeit, durch diese Decke zu entweichen, indem ich sie von außen durchbrechen ließ. Derjenige, der sie durchbrach, konnte mit mir fliehen und mir helfen, in der gleichen Nacht ein Loch in das große Dach des Palazzo zu brechen.[16]

Und dafür hatte Casanova schon den geeigneten Partner: den Mönch Marin Balbi. Schriftlich unterbreitete Casanova diesem sogleich den Vorschlag. Doch dieser antwortete,

es sei nutzlos, an etwas Unmögliches zu denken; dabei zählte er mir eine lange Liste von Schwierig-

keiten auf, die vier Seiten füllten und mit denen ich niemals fertig werden würde, wenn ich sie überwinden wollte. Ich antwortete ihm, dass die allgemeinen Schwierigkeiten mich nicht kümmern sollten; und da ich bereits einen Plan gemacht hätte, dächte ich nur an die Lösung …[17]

Schlussendlich konnte Casanova den Mönch doch noch überzeugen. Aber nur mit Hilfe eines Werkzeugs konnte dieser durch die Decke seiner eigenen Zelle schlüpfen, um danach die Decke von Casanovas Zelle zu öffnen. Dazu musste Casanova dem Mönch aber zuerst seinen Riegel zukommen lassen. Deshalb schlug Casanova vor:

Inzwischen lassen Sie von Lorenzo vierzig oder fünfzig genügend große Heiligenbilder kaufen, um die ganzen Innenwände ihres Kerkers zu verkleiden. Diese vielen Kupferstiche religiösen Inhalts werden Lorenzo nicht auf den Verdacht kommen lassen, dass sie Ihnen nur dazu dienen, das Loch zu verbergen, das Sie in die Decke schlagen und durch das Sie fliehen werden.[18]

Nun musste Casanova noch einen Weg finden, dem Mönch den Eisenriegel als Fluchtwerkzeug zukommen zu lassen. Dazu bot sich wieder einmal der einfältige Lorenzo an. Casanova sagte ihm, dass er dem ehrwürdigen Mönch als Geschenk für die geliehenen Bücher eine Schüssel mit Makkaroni mit Butter zukommen lassen wolle. Diese bereitete er, nachdem Lorenzo alles Nötige besorgt hatte, in seiner Zelle zu und stellte sie auf eine Servierplatte. Den Riegel wickelte er in Papier ein und steckte ihn am 29. September in eine große Bibel. Doch die Enden des Riegels standen aus der Bibel hervor, obwohl diese das größte Buch war, das Casanova besaß.

Wenn ich auf die Bibel eine große Platte Makkaroni in Butter stellte, war ich überzeugt, dass Lorenzo sein Augenmerk ganz auf die Butter konzentrieren würde, aus Angst, er könne sie über die Bibel gießen, so dass er keine Zeit hatte, nach den Ecken des Bandes zu blicken.[19]

Und die Rechnung ging auf:

Als ich ihm diese ansehnliche Last übergab, blickte ich scharf auf seine Augen und stellte mit großer Freude fest, dass er sie nicht von der Butter wandte, die er zu verschütten fürchtete.[20]

Nun war es für den Mönch ein Leichtes, ein Loch in seine Zellendecke zu brechen. Doch nachdem der Mönch das Loch in seiner Zellendecke fertig hatte, erreichten Casanova wieder seine Befürchtungen:

[…] wir könnten nicht mit Erfolg rechnen. Ich antwortete ihm, ich sei vom Gegenteil überzeugt.[21]

Balbi ließ sich wieder überzeugen und schon bald war das zweite Loch, welches Casanovas Zellendecke durchbrechen sollte, kurz vor der Fertigstellung. Es würde nun nur wenige Minuten dauern, es ganz zu öffnen, wenn der Zeitpunkt der Flucht gekommen war. Und dieser Zeitpunkt stand für Casanova bereits fest. Es musste einer der ersten drei Tage des November sein. Denn nicht nur die Staatsinquisitoren waren – wie Casanova bereits ein Jahr zuvor feststellen konnte – an diesen Tagen nicht anwesend.

An diesen drei Ferientagen seiner Vorgesetzten betrank sich Lorenzo am Abend.[22]

Die Hoffnung stieg und gab Casanova Kraft.

Die größte Erleichterung, die ein Mensch im Unglück haben kann, ist die Hoffnung, ihm bald zu entrinnen.[23]

In der Nacht des 31. Oktober 1756 war es endlich so weit. Unbehelligt vom betrunkenen Lorenzo durchstieß Balbi binnen weniger Minuten die Decke zu Casanovas Zelle. Bald gelang es ihnen, im offenen Dachboden, in dem sie sich nun befanden, eine der Bleiplatten des Daches so weit aufzuzwängen, dass sie hindurchschlüpfen konnten.

Ich stieg als Erster hinaus; Pater Balbi folgte mir.[24]

Es war vor Mitternacht. So lag noch genügend Dunkelheit vor ihnen, um neugierigen Blicken nicht ausgeliefert zu sein.

Kniend und auf allen vieren umklammerte ich mit der Hand den Spuntone, stieß ihn mit ausgestrecktem Arm jeweils schräg in die Verbindungsstelle zweier Bleiplatten und bog sie hoch, bis ich mich mit vier Fingern am Plattenrand festhalten und auf diese Weise zum

Dachfirst hinaufsteigen konnte. Um mir zu folgen, hatte sich der Mönch mit vier Fingern seiner rechten Hand an der Schnalle meines Gürtels angeklammert, so dass mir das traurige Los des Lasttieres beschieden war, das zugleich trägt und zieht, und das beim Aufstieg über eine infolge des Nebels schlüpfrige Schräge.[25]

Doch trotz der Gefahr, sich bei einem Absturz das Genick zu brechen, kamen beide ans Ziel:

Ich kletterte über fünfzehn oder sechzehn Platten hinauf, bis ich den Dachfirst erreicht hatte; dort spreizte ich die Beine und setzte mich bequem rittlings hin. Der Mönch tat hinter mir dasselbe. Wir hatten die kleine Insel San Giorgio Maggiore im Rücken und zweihundert Schritt vor uns die vielen Kuppeln der Markuskirche, die einen Teil des Dogenpalastes bildet.[26]

Nun war wieder Casanovas Talent, nach Lösungen Ausschau zu halten, gefordert. Wie vom Dach lebend herunterkommen, ohne die Wachen zu alarmieren?

Mein Blick und meine Gedanken blieben an einer Luke haften.[27]

Casanova machte sich auf, in schwindelnder Höhe und trotz der glitschigen Bleiplatten, diese Luke zu untersuchen. Die Glocke von San Marco kündigte den 1. November – Allerheiligen – an. Bereits nach kurzer Zeit gelang es ihm, die Luke zu öffnen. Nun konnten beide Männer die Amtsräume des Dogenpalastes betreten. Ungehindert flohen sie durch die Räume und Gänge des Palastes, bis sie von der verschlossenen, undurchdringlichen Tür zur Prachttreppe – der Scala d'Oro –, die ins Freie führte, jäh gestoppt wurden.

Casanova, dessen Kleidung durch die Bleiplatten stark in Mitleidenschaft gezogen, zerfetzt und unansehnlich geworden war, hatte vorsorglich die elegante Kleidung – die er vor fünfzehn Monaten am Tag seiner Verhaftung getragen hatte – in einem Bündel mitgenommen. Seinen schönen Mantel gab er dem Mönch. Und er selbst tauschte das zerfetzte Gewand – den Zeugen seiner Flucht – gegen den hübschen Anzug und sein Spitzenhemd.

Ich glich einem Mann, der nach einem Ball in eine Lasterhöhle geraten war, wo man ihn gerupft hatte.[28]

Und nun setzte er seinem Husarenstück die Krone auf.

So gekleidet und mit meinem schönen goldbetressten spanischen Dreispitz samt weißem Federbusch auf dem Kopf öffnete ich ein Fenster.[29]

Casanova machte sich durch Rufen bemerkbar und bald eilte jemand mit einem Schlüssel herbei.

Der Mann glaubte, er hätte vielleicht, ohne es zu bemerken, am Vorabend jemanden eingeschlossen.[30]

Flugs wurde das Tor von dem Mann geöffnet.

Als die Tür sich öffnete, sah ich, dass er mich ent-

geistert anstarrte. Ohne mich aufzuhalten und ohne ein einziges Wort zu sagen, ging ich, gefolgt von dem Mönch, in größter Eile an ihm vorüber. Ohne zu zaudern, aber auch ohne zu laufen, stieg ich die prachtvolle Treppe hinab.[31]

Sobald er den Dogenpalast mit dem Mönch im Schlepptau verlassen hatte, nahm er sich eine Gondel.

Ich blickte nun hinter mich den ganzen schönen Kanal entlang; als ich kein einziges Boot entdeckte, den prachtvollsten Tag sah, den man sich nur wünschen konnte, die ersten Strahlen eines herrlichen Sonnenaufganges, die beiden jungen Gondolieri, die kraftvoll dahinruderten, und dabei an die grauenvolle Nacht dachte, die ich hinter mir hatte, an den Ort, an dem ich noch tags zuvor gewesen war, und an das Zusammentreffen so vieler glücklicher Umstände, da durchströmte ein Gefühl meine Seele, das sie zu GOTT erhob, in mir die Saiten der Dankbarkeit zum Klingen brachte und mich mit solcher Macht rührte, dass die Tränen sich plötzlich freie Bahn brachen, um das Herz zu erleichtern, das am Übermaß der Freude zu ersticken drohte.[32]

Gabi schlief bereits. Ich löschte das Licht. Eine Unzahl von Gedanken schossen mir durch den Kopf. Es war schon erstaunlich, wie es dieser Casanova immer wieder schaffte, seinen Gefühlsschalter zu stabilisieren. Und wie es ihm immer wieder gelang, trotz Rückschlägen neuen Mut zu fassen. Und … langsam bemerkte ich, wie sich Müdigkeit in mir ausbreitete. Ich hatte das Gefühl, als ob mich das wohlige Schaukeln einer Gondel in den Schlaf wiegen würde.

MITmenschen

»Herr Doktor Müller!« Ich stand an der geöffneten Tür meines Büros, um Herrn Müller mit einem freundlichen Händeschütteln zu begrüßen. Er war der Chef der hiesigen Handelsbank und mir bereits vor einiger Zeit von Herrn Frisch wärmstens ans Herz gelegt worden. Es war ein freundlich wirkender, schlanker Mann mit sorgfältig gekämmtem, grauem Haar, der mir hier entgegentrat. Sein sicheres Auftreten, aber auch der dunkelblaue Anzug, das weiße, faltenfreie Hemd, die dezenten, jedoch wertvoll wirkenden Manschettenknöpfe und die dunkelrote, tadellos gebundene Krawatte machten es leicht, in ihm den souveränen Direktor einer angesehenen Bank zu sehen. Ich hatte ihn bis heute nicht persönlich kennengelernt. Bis jetzt war zur Bearbeitung seines Aktes der Briefverkehr ausreichend gewesen. Doch einige offene Fragen machten ein persönliches Gespräch notwendig. Eigentlich hätte es gereicht, dieses telefonisch abzuwickeln. Doch Direktor Müller hatte vorgeschlagen, selbst vorbeizukommen, um die offenen Fragen zu klären. Mein erster Eindruck wurde schnell bestätigt. Er war tatsächlich ein sehr freundlicher, umgänglicher Mann. In kürzester Zeit konnten meine Fragen – die alle seinen Lebenslauf betrafen – geklärt werden. Sein Vater war bereits in frühen Jahren gestorben, sodass er sich nicht mehr an ihn erinnern konnte. Kurz nach seinem siebzehnten Lebensjahr wurde ihm durch einen Unfall auch die Mutter genommen. Andere, noch lebende Verwandte hatte er nicht. Bereits als Bub von vierzehn Jahren hatte er begonnen, in einer kleinen Autowerkstätte auszuhelfen. Nach dem Tod seiner Mutter schlug er sich irgendwie durch. Vormittags drückte er die Schulbank. Nachmittags schraubte er an diversen Fahrzeugen herum. Und abends erledigte er Hausaufgaben und lernte dann bis tief in die Nacht. Er ermöglichte sich selbst sein Wirtschaftsstudium, um danach in die angesehene Großbank einzutreten, deren Chef er heute war. Es war eine faszinierende Persönlichkeit, die mir hier gegenübersaß.

»Gestatten Sie mir eine Frage?«, wandte ich mich – neugierig geworden – an ihn. Freundlich nickte er. »Wie haben Sie es geschafft, als so junger Mensch mit all den Schwierigkeiten fertigzuwerden?« Wie oft saßen mir Menschen gegenüber, die das Leben gezeichnet hatte. Auch jetzt saß ein Mann vor mir, der viele Schicksalsschläge erlitten hatte. Dem in zu jungen Jahren die Eltern genommen worden waren und der sich allein hatte durchschlagen müssen. Und doch sah ich hier nicht nur einen erfolgreichen, sondern auch anscheinend glücklichen Menschen sitzen. »Ja, es war sicherlich nicht immer leicht«, antwortete er nachdenklich. »Ich denke, da ich sehr früh gezwungen war, auf eigenen Beinen zu stehen, hatte ich gar keine Zeit, mir zu viele Sorgen zu machen. Ich musste reagieren. Musste aus den gegebenen Umständen das Beste machen. Und je länger ich es schaffte, mich von diesen Umständen nicht unterkriegen zu lassen, umso mehr wurde mir klar, dass ich entscheide, welche Möglichkeiten ich wähle und was ich aus meinem Leben mache. Ich denke, das hat mir auch die nötige Kraft gegeben, durchzuhalten.« Seine Worte ließen unvermittelt Erinnerungen an Casanova hochkommen. Hatte dieser nicht auch …? Ich hatte keine Zeit, meinen Gedanken zu Ende zu führen. Zu interessant war das, was mir Herr Müller zu sagen hatte. »Natürlich waren die Umstände nicht rosig. Aber ich hatte die Wahl zu entscheiden, wie ich darauf reagierte. Ich war gesund und mein ganzes Leben lag noch vor mir. Was hätte es also genützt, zu viel über die Vergangenheit nachzugrübeln oder sich ängstlich mit all dem zu beschäftigen, was alles passieren könnte. Ich konzentrierte mich auf das, was ich erreichen wollte und bin so letztendlich mit all den Schwierigkeiten fertiggeworden.« Ich hätte Doktor Müller noch gerne länger zugehört. Doch ein hölzernes

Klopfen ließ meine Bürotür vibrieren und kündigte bereits den nächsten Klienten an. Ein herzlicher Händedruck, ein freundliches Lächeln, ein »Hat mich sehr gefreut, Sie kennenzulernen« und beschwingt kehrte Doktor Müller in sein selbstbestimmtes Leben zurück.

»Hallo Schatz! Wie war's heute bei der Arbeit?« Gut gelaunt erwiderte ich Gabis Willkommensgruß mit einem freundlichen Lächeln, einem dicken Kuss und einem Gespräch über meine heutige Begegnung mit Herrn Müller. Seine Worte wirkten noch immer nach. Und sein »Geheimnis« entsprach doch ziemlich genau jenen Erkenntnissen, die ich in letzter Zeit gewonnen hatte. Ich fühlte mich wirklich gut.

Es war wieder einmal Freitag. Der Wecker läutete – doch da ich schon wach war, konnte er mir nichts anhaben. Ich fühlte mich stark genug, den kommenden Tag in Angriff zu nehmen und war gut gelaunt. Wusste ich doch inzwischen, dass ich mit meinem Denken selbst entschied, wie ich mich fühlte. Mein übervoller Schreibtisch konnte mir kaum noch etwas anhaben. Außerdem hätte ein schlechtes Gefühl auch nichts daran geändert. Ich wollte dieses Jahr den bevorstehenden Sommer genießen und mir nicht immer wieder über unterschiedlichste Dinge

Sorgen machen. Sobald ich bemerkte, dass sich sinnlose Sorgen meines Gehirns bemächtigten und meinen Schalter nach unten drückten, dachte ich an mein Dachbodenprojekt, was die Abwärtsbewegung des Schalters normalerweise sofort stoppte. Zu oft hatte ich mir in letzter Zeit sinnlose Sorgen gemacht. Als warnendes Beispiel waren mir noch immer diese zwei Stunden, die ich auf das Gespräch mit Herrn Frisch wartete, in grausiger Erinnerung. Ich hatte mir damals selbst die Hölle auf Erden bereitet. Und das völlig freiwillig. Auch der Doktor Müller, den ich als einen von »denen da oben, die sich's halt richten« gesehen hatte – was mir nicht unbedingt angenehme Gefühle bescherte –, hatte sich inzwischen als liebenswerter, älterer Herr entpuppt, von dem ich sogar noch etwas lernen konnte. Nein, ich hatte nicht mehr vor, mir selbst das Leben mit sinnlosen Sorgen zu vermiesen.

»Guten Morgen, Herr Huber!« – eine fröhliche Stimme, begleitet von einem breiten, freundlichen Lächeln, begrüßte mich, als ich das Stockwerk, in dem mein Büro lag, betrat. Es war Frau Kolleritsch – eine der guten Seelen vom Reinigungspersonal –, die wie üblich um diese Zeit gerade dabei war, den Sanitärräumen frischen Duft zu verleihen. Obwohl ihre Arbeit nicht zu den Beschäftigungen gehörte, die Menschen normalerweise mit Begeisterung und voller Freude ausübten, schien ihr Gefühlsschalter in der oberen Position fixiert zu sein. Es schien nichts zu geben, was ihr die Laune verderben konnte. Dabei gehörte sie zu den am schlechtesten bezahlten Mitarbeiterinnen im Haus. Die zierliche Frau dürfte bis zu ihrer Pensionierung nur noch wenige Jahre zu arbeiten haben. Ich erwiderte ihre freundliche Begrüßung mit einem ebenso freundlichen »Guten Morgen, Frau Kolleritsch«. Doch heute setzte ich nicht wie üblich den Weg zu meinem Büro fort, sondern blieb stehen. »Was ich Sie schon immer fragen wollte, Frau Kolleritsch. Wieso sind Sie eigentlich schon in aller Früh immer so gut gelaunt?« Offensichtlich hatte ihr noch nie jemand diese Frage gestellt. Sie musste ein wenig nachdenken. Doch nach einer kurzen Pause antwortete sie: »Wenn ich beim Arbeiten daran denke, wie vielen freundlichen Menschen ich im Laufe des Tages immer wieder begegne und dass vielleicht der eine oder andere es als angenehm empfindet, wenn die Fliesen spiegeln und funkeln und es gut riecht, dann hilft mir das, meine gute Laune aufrechtzuerhalten.« »… und sie wird sicherlich im Laufe des Tages vielen freundlichen Menschen begegnen, wenn sie allen so entgegenstrahlt wie mir«, dachte ich. Frau Kolleritsch fügte lächelnd hinzu: »Und sollte das einmal nicht funktionieren, dann denke ich ans Wochenende, denn da kommen mich immer meine Enkelkinder besuchen.«

»Noch drei Stunden zu arbeiten!« Ich bemerkte sofort: Dieser Gedanke machte mir keine guten Gefühle. Aber ich hatte einen anstrengenden Arbeitstag hinter mir. Wie sollte ich da anders denken? Wie sehr beneidete ich Frau Kolleritsch und Herrn Müller und auch Casanova, denen »hilfreiches Denken« offensichtlich in die Wiege gelegt wurde. Da kam mir eine Idee. »Wie könnte ich das noch sehen?« Sobald ich mir diese Frage gestellt hatte, machten sich meine Gedanken auf den Weg, nach Alternativen zu suchen. Vielleicht fand ich ja einen Gedanken, der sich besser anfühlte? »Nur noch drei Stunden arbeiten!« Nein, das fühlte sich nicht wirklich besser an. »Immerhin habe ich schon fünf Stunden hinter mich gebracht.« Nein. Auch das funktionierte nicht. »In drei Stunden habe ich frei.« Ja! Das war es. Dieser Gedanke fühlte sich wirklich gut an. In drei Stunden würde ich ins Wochenende aufbrechen. Und dann hatte ich zwei Tage zur Verfügung, die ich mich voll und ganz dem Dachboden widmen konnte. Und darauf freute ich mich wirklich. Ich schnappte mir einen der kniffligsten Akte, um diesen noch vor dem Wochenende zu erledigen.

Freunde

Der Frühling hatte mittlerweile längst dem Sommer Platz gemacht. Es war Samstag – inzwischen einer meiner Lieblingstage. Hatte ich an diesem Tag doch Gelegenheit, mich voll und ganz dem Dachbodenprojekt zu widmen. Die schäbigen, altersschwachen und auch nicht mehr ganz dichten Dachluken, die über Jahrzehnte den Raum nur sehr zögernd mit Licht versorgt hatten, waren nunmehr durch großzügige Dachflächenfenster ersetzt. Pastellfarbenes rötliches Licht fiel durch sie ins Innere und kündigte an, dass sich die Sonne bereits auf ihr Verschwinden vorbereitete. Ich hatte im Laufe des Tages wieder einiges geschafft. Aber ich fühlte mich nicht nur deshalb gut. Heute Abend erwarteten wir Gäste. Wir hatten Sieglinde und Wolfram, das Künstlerpärchen, schon vor längerer Zeit zum Abendessen eingeladen. Ein kleines Dankeschön für den Pritschenwagen, den sie uns zum Entrümpeln unserer neuen Baustelle zur Verfügung gestellt hatten. Und auch Eduard, ein gemeinsamer Freund, den alle nur den »Doc« nannten, würde mit seiner Frau Ruth da sein. Ein wunderbarer Duft erfüllte bereits das ganze Haus und kündigte ein feudales Mahl an. Unser Esstisch befand sich im Gäste-

Modus und war auf volle Länge ausgezogen. Liebevoll hatte Gabi die Tafel dekoriert. Alles war aufeinander abgestimmt. Das dunkelrote Tischtuch mit den blauen Servietten. Das alte Silberbesteck, welches Gabi von ihrer Großmutter geerbt hatte und das nur bei ganz besonderen Anlässen zu Ehren kam. Die drei purpurfarbenen Kerzen auf silbernen Kerzenständern. Und das zerbrechlich wirkende, weiße Porzellan mit blauen Ornamenten am Rand. Tischkärtchen mit den Vornamen, die jedem Einzelnen seinen Platz wiesen.

Ich hatte mich inzwischen im Badezimmer von den Spuren meiner heutigen Basteleien befreit. Es machte mir wieder richtig Freude, mich ein wenig herauszuputzen. Seit ich mich nicht mehr am Abend frustriert mit Essbarem vollstopfte, hatte ich auch einige Kilos verloren. Meine Garderobe, die bereits begonnen hatte, sich gegen mein Fett zu wehren, passte wieder und fühlte sich angenehm an. Drei sich abwechselnde Glockentöne unterbrachen die Stille. Eilig bewegte ich mich nach unten. Durch das kleine Fenster in der Eingangstür grinsten mir bereits zwei fröhliche Gesichter entgegen. »Hallo Sieglinde, hallo Wolfram.« Fast im selben Augenblick tauchten auch Eduard – der »Doc« – und Ruth, seine Frau, an der offenen Tür auf. Wir umarmten uns herzlich. Gut gelaunt bewegte sich der fröhliche Haufen Richtung Esstisch. Rechts von mir nahm Doc Platz. Schlank und hochgewachsen war er wahrscheinlich der Älteste in der Runde, wie sein festes, von wenigen grauen Strähnen durchzogenes Haar verhalten andeutete. Er war seit geraumer Zeit als Allgemeinmediziner mit eigener Praxis tätig und betreute neben zahllosen anderen Nebenbeschäftigungen auch die Patienten eines ansässigen Pflegeheimes. Doch trotz chronischen Zeitmangels schaffte er es, über neueste schulmedizinische und alternative Heilmethoden immer am Laufenden zu sein. Wir hatten uns vor Jahren beim Militär kennengelernt. Er hatte sein Studium für den Militärdienst kurz unterbrochen. Doch seine fürsorgliche Art, die ihn heute zu einem der beliebtesten Ärzte der Stadt machte, war bereits damals sehr ausgeprägt. Ich konnte mich noch gut daran erinnern, wie wir beide beim Militär von unseren Vorgesetzten dazu angehalten wurden, mit voller Ausrüstung und Gepäck paarweise eine mehrere Meter hohe, senkrecht stehende Leiter zu überwinden. Es war Nacht. Wir standen am Anfang unserer Grundausbildung und hatten bereits einen elendslangen Marsch hinter uns. Unsere Männlichkeit sollte auf diese Weise gestärkt werden. Und so versuchten die Ausbilder, uns – wo auch immer es möglich war –

das Letzte abzuverlangen. Eduard begann die Leiter zu besteigen. Ich tat es ihm gleich. Hundemüde zog ich mich Sprosse für Sprosse nach oben. Knapp vor der obersten Sprosse begannen mich plötzlich meine Kräfte zu verlassen. Ich konnte keinen Schritt weiter. Kalter Schweiß. Gepresste Atmung. Brennende Muskeln. Ich fühlte mich wie gelähmt, hatte all meine Kraft aufgebraucht. Eduard – der sofort bemerkte, was mit mir los war, und der nicht nur der Ältere, sondern auch der Sportlichere von uns beiden war – war sofort mit hilfreichen Worten und einer kräftigen Hand, die mein Handgelenk umfasste und mich so vor einem drohenden Absturz bewahrte, zur Stelle. Die Berührung gab mir Sicherheit. Seine Worte mobilisierten die letzten Kräfte, gaben mir das Gefühl, dass ich durchhalten konnte. In dieser Nacht hatte eine Freundschaft ihren Anfang genommen, die hier, an diesem Tisch, noch lange nicht ihren Endpunkt erreicht hatte.

Ruth, Docs brünette, aparte Frau, die für jeden Menschen ein Lächeln übrig zu haben schien, hatte neben Gabi Platz genommen. Sie war einige Jahre jünger als Doc. Es war eine fast klassische Liebesgeschichte: Junger Arzt verliebt sich in Krankenschwester, sie heiraten und … Nur dass Ruth nicht Krankenschwester, sondern Physiotherapeutin war und sich auch als Arztgattin nicht ins Hausfrauendasein drängen ließ. Sie übte ihren Beruf noch immer mit der gleichen Begeisterung aus wie damals, als sie Doc kennenlernte. Nur nicht mehr im Krankenhaus, sondern in einer eigenen Praxis, die direkt an die ihres Mannes angrenzte. Als ich vor einigen Jahren mit Bandscheibenproblemen zu kämpfen hatte, überließ mich Doc der Fürsorge seiner Frau, was mir seitdem viele schmerzhafte Stunden erspart hatte und auch heute noch ein Gefühl von Dankbarkeit in mir hochkommen ließ, wenn ich sie sah.

Links von mir saß die schöne Sieglinde, der weibliche Teil unseres Künstlerpärchens. Ihre langen schwarzen Haare und ihr hübsches Gesicht erinnerten an die großen Schauspielerinnen des letzten Jahrhunderts. Niemand, der sie so sah, käme auf die Idee, dass sich dieses zarte Wesen, welches mit seinem schlichten schwarzen Kleid gerade einem alten Agentenfilm à la »Casablanca« entstiegen zu sein schien, die meiste Zeit damit beschäftigte, schmutzige Eisenteile in Kunstwerke zu verwandeln, ihren dreijährigen Zwillingen eine gute Mutter zu sein und gleichzeitig ihren Hunden den nötigen Auslauf zu verschaffen.

Ihr gegenüber saß ihr Mann Wolfram. Schlank, mittelgroß, Mitte dreißig, gepflegtes, dunkelblondes, kurzes Haar, sonnengegerbtes, markantes Gesicht, fröhliche grüne Augen, gepflegte Haut, schwarz gerahmte Brille mit rechteckigen Gläsern. Nichts ließ den engagierten Künstler erahnen. Ich konnte zwar mit der Kunst der beiden nicht viel anfangen, aber ich mochte das Pärchen sehr. Ihre meist unbeschwerte Art erinnerte mich immer wieder daran, dass man das Leben auch leicht nehmen konnte.

Es hatte den Anschein, dass alle anderen sich immer viel leichter taten, ihren Gefühlsschalter unter Kontrolle zu halten, als ich. Aber ich war ja auf dem besten Weg. Wir alle genossen das von Gabi vorbereitete Mahl in vollen Zügen. Nach dem Essen zogen wir uns mit einem guten Glas Rotwein ins Wohnzimmer zurück und verteilten uns um den niedrigen Couchtisch.

Diskussionen

Da saßen wir nun alle sechs, verteilt auf Couch, Fauteuil und Boden, den die Künstler und Doc als Sitzgelegenheit bevorzugten. Bereits nach kurzer Zeit landeten unsere Gespräche bei meinem neuen Lieblingsthema – den Gefühlen. Vor allem eine Frage stand im Raum. Waren Männer weniger Gefühlsmenschen als Frauen? »Wenn im Kino bei einer spannenden Szene jemand aufschreit, dann ist das sicher eine Frau!«, meinte Sieglinde. Sie bekam von Gabi Schützenhilfe: »Habt ihr im Kino schon einmal einen Mann gesehen, der vor Rührung Tränen in den Augen hatte? Sicher nicht!« Ich musste heftig protestieren: »Als ich ‚Titanic' im Kino gesehen habe, konnte ich mir die Tränen kaum verkneifen, als Leonardo di Caprio ertrunken ist. Ich spürte Wut in mir, als die Schiffsbesatzung die Rettungsboote nur halb besetzt zu Wasser ließ. Und ich war gerührt, als die alte Rose den Diamanten, den sie viele Jahrzehnte aufbewahrt hatte, zu Ehren ihres verstorbenen Freundes dem Meer übergab.« Wolfram: »Das ist ein gutes Beispiel. Denn bei diesem Film ist es mir ziemlich ähnlich ergangen!«

Doc wandte sich Gabi und Sieglinde zu: »Ich nehme an, ihr seid im Kino bei diesem Film direkt neben euren Männern gesessen.« Sieglinde und Gabi bejahten. »Und habt ihr von den Gefühlsregungen eurer Männer etwas mitbekommen?« Wie aus der Pistole geschossen, so als ob sie sich abgesprochen hätten, entkam beiden gleichzeitig ein lautes »NEIN!« Wir alle mussten lachen ob der weiblichen Einigkeit. »Das heißt also«, fuhr Doc – zu mir und Wolfram gewandt – fort, »dass ihr Männer zwar im Kino starke Gefühle hattet, eure Umgebung davon aber nichts mitbekommen hat!« »Warum ist das so?«, Gabi sah fragend in die Runde. »Wolfram, Jakob, was habt ihr als Kinder immer von euren Eltern gehört, wenn ihr euch beispielsweise ein Knie aufgeschlagen habt? Wurdet ihr aufgefordert, euren Gefühlen freien Lauf zu lassen?« »Nein«, antwortete ich auf Docs Frage. »Ich kann mich genau daran erinnern, dass ich in solchen Situationen immer wieder zu hören bekam, dass Indianer keine Schmerzen kennen.« »Dieser Ausspruch ist auch mir wohlbekannt«, bestätigte Wolfram. »Und was habt ihr – die kleinen Buben – dabei gelernt?«, wollte Doc wissen. »Gefühle zeigen ist unmännlich und ein Zeichen von Schwäche.« Wolfram fasste das in Worte, was auch ich dachte. »Ja, genau das ist es. Und kein Mann will ein Weichei sein«, ergänzte Doc. »Computerscans auf unserer Uni-Klinik haben gezeigt, dass Männer und Frauen Gefühle gleich intensiv erleben. Das, was anders ist, ist die Art, wie Männer und Frauen mit Gefühlen umgehen. Und so ist über Generationen hinweg das Märchen vom gefühllosen Mann entstanden.« »Also haben alle Menschen Gefühle, nur gehen sie unterschiedlich damit um?!« Sieglinde wirkte bei diesen Worten sichtlich nachdenklich. »Das Leben wäre wohl viel einfacher, wenn wir wüssten, wie wir unsere Gefühle beeinflussen können!« Der fragende Blick ihrer schönen, dunklen Augen motivierte mich, von meinem fantastischen Traum zu erzählen:

»... kein Klicken, keine Bewegung des Schalters, keine Lichtblitze, keine hochkommenden Gefühle. Meine attraktive Sitznachbarin im Flugzeug blieb innerlich vollkommen ruhig«, beschloss ich meine Erzählung. Für einige Sekunden war es im Wohnzimmer mucksmäuschenstill, so als müssten alle erst mal das Gesagte verdauen. Doch dann prasselte es kreuz und quer auf mich ein: »... das war doch nur ein Traum!«, »... hat doch nichts mit der Wirklichkeit zu tun!«, »... so einfach kann es doch nicht sein!« »SO EIN BLÖDSINN!« Erstaunt wanderten unsere Blicke zu Sieglinde. Ungewohnt laut übertönten ihre Worte alle anderen. Und laut ging es weiter. »ICH KANN MIR NICHT VORSTELLEN, DASS ALL DIE SCHLECHTEN GEFÜHLE, DIE ICH IM LAUFE MEINES

LEBENS GESPÜRT HABE, ICH MIR SELBST GEMACHT HABEN SOLL! ICH BIN DOCH NICHT DÄMLICH!« Sie war richtig aufgebracht. Ich konnte förmlich das Klicken hören, als ihr Schalter auf dem Weg nach unten einrastete. Ich versuchte, sie ein wenig zu beruhigen, indem ich mit meinen Handflächen eine beschwichtigende Bewegung in ihre Richtung machte. Gleichzeitig begann ich zu sprechen: »Natürlich war es nur ein Traum. Und ich war anfangs genauso skeptisch wie ihr. Doch inzwischen hatte ich einige Erlebnisse, die mir gezeigt haben, dass da was dran ist.« Ich erzählte von meinem plappernden Sitznachbarn im Kino und davon, wie ich bemerkte, dass seine Partnerin halb blind war, und wie ich staunend beobachten konnte, dass sich mein Ärger nur durch diese Veränderung der Sichtweise sofort legte.

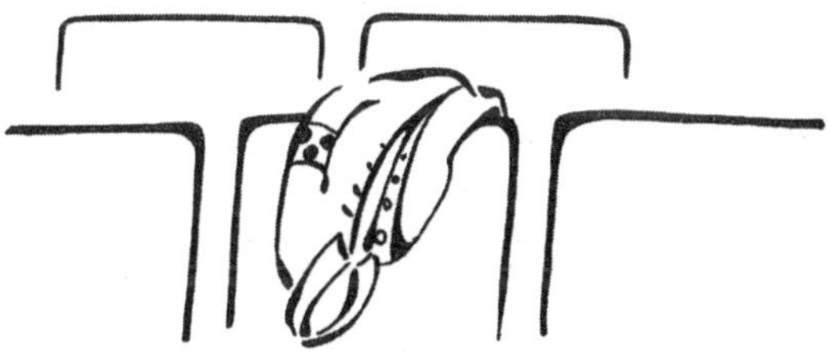

Und von Direktor Müller von der Handelsbank, der trotz schlechtester Umstände sein Leben in den Griff bekommen hatte. Und auch von Frau Kolleritsch, die zwar bei uns im Amt den miesesten Job von allen hatte, aber sich trotzdem immer gut fühlte. Auch meine selbstgemachte Hölle auf Erden, die sich auftat, als ich zu Herrn Frisch gerufen wurde, wollte ich meinen Freunden nicht vorenthalten.

»Soll das heißen«, so Doc, »dass je nachdem, worauf ich meine Aufmerksamkeit richte, dies dafür verantwortlich ist, welche Chemikalien sich in meinem Blut tummeln, und dass deshalb meine Sichtweise dafür verantwortlich ist, wie ich mich fühle? So habe ich das zwar noch nie gesehen, aber es könnte tatsächlich etwas dran sein. Mir fällt sogar ein gutes Beispiel dazu ein. Ein Patient sitzt mir gegenüber, weil Schmerzen ihn veranlasst haben, zu mir zu kommen. Er weiß zu diesem Zeitpunkt noch nicht, was ihm wirklich fehlt. Vielleicht befürchtet er sogar das Schlimmste. Und sein Gesichtsausdruck, seine ganze Körperhaltung, aber auch sein niedergeschlagener Tonfall zeigen mir, dass er sich nicht nur körperlich, sondern auch emotional ziemlich schlecht fühlt. Sein ganzes Denken ist auf die Krankheit ausgerichtet. Sobald ich jedoch diagnostiziere, dass er nichts wirklich Schlimmes hat, verändert sich alles – die Körperhaltung, der Tonfall, der Gesichtsausdruck. Er hat zwar zu diesem Zeitpunkt noch immer Schmerzen, aber offensichtlich fühlt er sich trotzdem besser. Warum? Weil er jetzt durch meine Diagnose eine andere Sichtweise eingenommen hat und so sein Gefühlsschalter in eine andere Richtung ausschlägt.« Man konnte Doc richtig die Begeisterung ansehen, mit der er seine Schlüsse zog.

Sieglinde, die sich inzwischen beruhigt hatte, versuchte, das Gesagte für sich nochmals zusammenzufassen. »Das bedeutet also, ich entscheide, wie ich eine Situation sehe. Und damit entscheide ich, wie ich mich fühle, oder anders ausgedrückt, wohin sich mein Gefühlsschalter bewegt.«

»Und die so von uns erzeugten Gefühle haben Folgewirkungen. Wissenschaftler konnten nachweisen, dass eine gute Stimmung das Immunsystem aktiviert, eine schlechte Stimmungslage hingegen unsere Abwehrkräfte blockiert.« Doc war ganz in seinem Element. »Wenn ich also schlecht drauf bin und jetzt mit einem Virus konfrontiert werde, kann sich mein Immunsystem gegen diesen nicht optimal wehren und die Wahrscheinlichkeit, dass ich krank werde, ist ziemlich groß. Bin ich hingegen gut drauf, kann sich mein Immunsystem optimal gegen Viren wehren und ich bleibe mit größerer Wahrscheinlichkeit gesund. Selbst Schmerzen verringern sich, wenn sich die Stimmung aufhellt …«

Großvater

Doc konnte seinen Satz nicht beenden. »Ich möchte dazu auch etwas sagen!«, unterbrach Wolfram Docs Redefluss. »Mir fällt da mein Großvater – den ihr ja alle gekannt habt – ein. Ihr wisst, dass er es sich bis zu seinem Tod vor zwei Jahren nicht hat nehmen lassen, sich mit seiner vielgeliebten Kunst zu beschäftigen. Doch fünfzig Jahre zuvor hatte es den Anschein, als ob das Schicksal mit ihm etwas anderes vorhätte.« Wir alle – selbst Doc, der sich normalerweise nicht so leicht das Wort nehmen ließ – spitzten die Ohren. »Es war kurz vor dem Ende des Zweiten Weltkrieges. Großvater war – wie viele andere auch – als Kanonenfutter an der Front eingesetzt. Ein übermächtiger Feind zwang ihn und seine Kameraden tief in den Schützengraben. Ein ohrenbetäubender Knall. Splitter. Dröhnen im Kopf. Blut. Unsägliche Schmerzen. Schwarz vor Augen. Großvater brach blutüberströmt – von unzähligen Granatsplittern getroffen – zusammen. Beherzte Kameraden konnten noch Leben in ihm erkennen. Wussten zuerst nicht, wo angreifen. Überall Blut. Sie packten ihn bei den Zähnen – dem einzigen unverwundeten Teil seines Körpers – und schleiften ihn in den Unterstand, der noch einige Zeit den gnadenlosen

Angriffen standhalten sollte. Als Großvater nach mehrtägiger Ohnmacht im Lazarett aufwachte, fiel sein Blick zuerst in die hoffnungslosen Augen einer Schwester, deren blutbespritzter Kittel Zeuge des täglichen Überlebenskampfes in dieser trostlosen Umgebung war. Die Diagnose der Ärzte stand bereits fest. Selbst wenn er aufwachen sollte, hätte er nur eine Überlebenschance von wenigen Wochen. Doch die Ärzte hatten nicht mit dem enormen Lebenswillen Großvaters gerechnet. Zurückversetzt in die Heimat wollte er aus der ihm verbleibenden Zeit das Beste machen. Er begann zu malen. Es machte ihm enorme Freude. Und je mehr Freude er daran hatte, umso weniger Schmerzen bereitete ihm sein Körper. Und je weniger Schmerzen ihm sein Körper bereitete, umso stärker konnte er sich dem widmen, was ihm so viel Freude machte. So begann seine Laufbahn als Künstler. Die Ärzte konnten sich nie erklären, wie er dem Tod ein Schnippchen zu schlagen vermochte. Aber vielleicht hat er mit seiner Vorgehensweise seinem Körper die beste Unterstützung zum Heilen gegeben?«

Doc nickte zustimmend. »Ich denke, Gefühle beeinflussen uns stärker, als wir annehmen. Ich werde oft von anderen gefragt, wie ich all meine Aktivitäten wie Ordination, Pflegeheim, Hausbesuche, Weiterbildung, Hobbys und Familie unter einen

Hut bringen kann. Und die Antwort ist einfach. All das macht mir große Freude. Und diese Freude liefert mir die notwendige Kraft. Mir fällt da gerade eine Testmethode ein, die ich bei einer meiner Ausbildungen kennengelernt habe.« Doc bat mich aufzustehen und meinen rechten Arm zur Seite zu strecken. Er stellte sich neben mich. Nun legte er die Finger seiner rechten Hand ein wenig oberhalb meines Handgelenkes auf meinen ausgestreckten Arm. »Halte jetzt den Arm, so fest du kannst, und versuche zu verhindern, dass ich deinen Arm nach unten drücke«, forderte er mich auf und begann gleichzeitig auf den Arm zu drücken. Ich musste mich zwar ein wenig anstrengen, konnte aber meinen Arm weiterhin in waagrechter Stellung halten. »Lass uns diesen Versuch wiederholen. Denk nun jedoch an etwas, was dir unangenehm ist.« Da musste ich nicht lange suchen. Sofort tauchte in meinem Kopf das Bild auf, wie ich mir mit überfülltem Magen die Nachrichten des Tages vor dem Flachbilddings reinzog. Doc hatte nun nur zwei seiner Finger auf meinen Arm gelegt und drückte ohne sichtbare Anstrengung meinen Arm nach unten. Ungläubig schauten uns die anderen an. »Du hast jetzt deinen Fokus auf etwas Unangenehmes gelenkt. Und das hat deine Kraft blockiert. Lass uns dasselbe nochmals wiederholen, denke jedoch nun an etwas Schönes.« Sofort hatte ich das Bild vom fertigen Dachboden vor Augen. Doc drückte. Presste seine ganze Handfläche auf meinen weggestreckten Arm. Doch dieser bewegte sich keinen Millimeter. Sieglinde: »Wie kann die Energie auf einmal weg sein, wenn sie zuvor gerade noch da war? Wohin verschwindet sie?«

Doc: »Sie ist nicht wirklich weg. Sie ist aber durch das Denken blockiert und steht deshalb im Moment nicht zur Verfügung. Wie wenn dein Tank im Auto zwar voll, die Leitung zum Vergaser aber verstopft ist.«

Ruth, die Physiotherapeutin, die das Geschehen aufmerksam verfolgte, sich mit ihren Kommentaren bis jetzt jedoch zurückgehalten hatte, ergriff das Wort. »Als ich Eduard kennenlernte« – sie verwendete nie seinen Spitznamen Doc –, »war er noch Medizinstudent. Ich war sehr verliebt. Ich arbeitete im Krankenhaus und war normalerweise nach einem Arbeitstag ziemlich ausgelaugt und nicht besonders unternehmungslustig. Doch ab dem Zeitpunkt, wo dieses Liebesgefühl da war, war alles anders. Ich konnte von den nächtlichen Aktivitäten mit Eduard gar nicht genug bekommen. Wir zogen jede Nacht um die Häuser und ich bekam selten genügend Schlaf. Trotzdem konnte ich meinen Dienst genauso gut versehen wie sonst. Es war so, als ob ich eine neue Energiequelle erschlossen hätte.« Gabi schaute mich mit einem vielsagenden Blick an. Und ich hatte den Eindruck, dass auch Sieglinde und Wolfram sich ebensolche Blicke zuwarfen. Es schien, dass wir alle einmal Ähnliches erlebt hatten.

»Die Situation im Krankenhaus blieb zwar gleich, aber dein innerer Zustand änderte sich.« Doc sagte dies fast ein wenig abwesend. So als ob er diese Erkenntnis tief in seinem Gedächtnis verankern wollte. »Wie in deinem Traum, Jakob. Du, der verschwitzte Mann und die attraktive Frau, ihr habt alle drei dieselbe Situation erlebt. Und doch hat sich jeder von euch anders gefühlt. Du hast offenbar erlebt, welche Konsequenzen Denken hat!« Wolfram war von dieser Erkenntnis richtig begeistert.

»Ich entscheide, wie ich etwas sehe! Aber das ist doch genau das, was wir mit unserer Kunst machen!«, rief Sieglinde. Nun wurde Wolfram hellhörig. Er richtete seinen Oberkörper ein wenig auf und beugte sich leicht vor. Ganz so, als wollte er Sieglindes Worten den Zugang zu seinen Ohren erleichtern. Wolfram war in der Werkstatt seines Großvaters aufgewachsen und hatte dabei die Geburt von so manchem Kunstwerk miterlebt. Als er Sieglinde kennenlernte, fand er in ihr nicht nur eine Partnerin, die seine Liebe zur Kunst teilte, sondern auch jemanden, der Hand anlegte, wenn es darum ging, einer neuen Skulptur Leben einzuhauchen. Sieglinde: »Wir verwenden ja als Ausgangsmaterial für unsere Skulpturen alte Eisenteile. Wenn wir auf einem Schrottplatz auf Schatzsuche gehen, sehen wir nicht wertloses Altmetall, sondern menschliche Figuren, Tiere oder Fantasiegestalten. Und in der Werkstatt fügen wir dann die Einzelteile so zusammen, dass diese Wesen auch von anderen gesehen werden können.«

»Das war heute ein schöner Abend.« Gabi schmiegte sich an mich. »Ja. Und mir ist jetzt vieles klarer«, erwiderte ich. »Nur, eines verstehe ich bis heute nicht. Wieso hatte ich diesen Traum?« »Vielleicht hat es dein Unterbewusstsein einfach satt gehabt, dein Jammern ertragen zu müssen.« Irgendwie hatte ich den Eindruck, dass Gabi mit »Unterbewusstsein« sich selbst meinte.

Müßiggang

»Hallo, Schatz! Wie war's heute bei der Arbeit?« Diese vertrauten Worte fehlten mir heute richtig. Gabi war mit ein paar Freundinnen verabredet. Sie würde erst gegen zweiundzwanzig Uhr zurück sein. Auch Anne war noch nicht da. Ich war heute früher dran. Herr Frisch hatte mich überraschend früher nach Hause geschickt. »Als kleines Dankeschön für die gute Arbeit der letzten Wochen«, wie er es begründete. Eigentlich recht nett von ihm. Ich verspürte jetzt, nach längerer Flachbild-Abstinenz, wieder einmal Lust, mich kurz dem Müßiggang hinzugeben. Danach wollte ich meine Arbeit im Dachboden fortsetzen. Ich hatte letzte Woche damit begonnen, die inzwischen isolierten Wände mit schönen Holzbrettern zu verkleiden. Es fehlten nur noch ein paar Quadratmeter. Ich freute mich schon auf diese befriedigende Arbeit.

»Essen ist im Kühlschrank, ich liebe Dich!« Ich fand einen Teller mit ein wenig Käse und viel frischem Gemüse aus unserem Garten – alles appetitlich in kleinen Reihen auf dem Porzellan verteilt. Ich trug das Essen ins Wohnzimmer, um meinen Platz auf der Couch einzunehmen. Von hier aus hatte ich das Flachbild voll unter Kontrolle. Meinem Körper war diese Position nur allzu vertraut. Nur die Käse-Gemüse-Platte störte dieses vertraute Gefühl ein wenig. Als ich dem Bildschirm die ersten Befehle gab, verwandelte sich das leblose Rechteck schnell in eine laute Talkshow. Menschen waren gerade dabei, sich zu beflegeln, sich gegenseitig lächerlich zu machen und sich über andere aufzuregen. Und mein Schalter im Kopf war gerade dabei, sich nach unten in Bewegung zu setzen. Mit einem leichten Tastendruck konnte ich diese Bewegung vorerst stoppen. Nun war ich in das intrigante Spiel eines Familienclans, der schon seit geraumer Zeit sein Unwesen trieb, verwickelt. Mein Gefühlsschalter setzte die bereits bei der Talkshow eingeleitete Bewegung fort. Ich suchte den Ausweg in einem weiteren leichten Tastendruck.

Dieser beförderte mich mitten in eine wilde Schießerei, die der Bewegung meines Gefühlsschalters auch nicht Einhalt gebieten konnte. Und auch die Flucht zu einem Nachrichtensender zeigte nicht die gewünschte Wirkung. Elend, Gewalt, Naturkatastrophen und Politik gaben meinem Schalter nur noch mehr Schwung, um seine stetige Bewegung nach unten fortzusetzen. Doch ich hatte nicht vor, so schnell aufzugeben. Ein weiterer Tastendruck beförderte mich in eine wunderbare Dschungellandschaft, in der Gorillas – ohne von den sie beobachtenden Menschen Notiz zu nehmen – ihr Leben lebten. Mein Schalter stoppte sofort seine Bewegung nach unten und machte sich gerade daran, die Gegenrichtung einzuschlagen. Doch das plötzliche Plärren einer Werbeunterbrechung verhinderte dies. Bevor es der aufdringlichen Stimme gelingen konnte, meinen Schalter wieder nach unten zu drücken, floh ich geistesgegenwärtig in eine amerikanische Vorstadt, wo mich ein Heimwerker zum Lachen brachte und damit nicht nur meinem Schalter guttat, sondern mich auch daran erinnerte, dass es heute für mich noch Wichtigeres zu tun gab. Seit mir die Sache mit den Gefühlen im Kopf herumgeisterte, war offensichtlich nichts mehr so wie früher. Bei der nächsten Werbeunterbrechung gab ich auf und tauschte die Fernbedienung gegen Hammer und Schraubenzieher.

Kunstwelt

Mein starkes Klopfen erzeugte einen dumpfen, urigen Klang, wie er nur entsteht, wenn auf sehr altes, massives Holz geschlagen wird. Fröhliches Kindergeschrei näherte sich sofort der verwitterten Tür. Die schmiedeeiserne Türschnalle wurde von innen hinuntergedrückt und zwei Paar glänzende Kinderaugen in Blau und Grün wurden sichtbar. Raphael und Elissa, die dreijährigen Zwillinge unserer Künstlerfreunde Sieglinde und Wolfram, ließen es sich nicht nehmen, uns zu empfangen. Der fröhliche Haufen – Doc, Ruth, Gabi, Anne und ich – standen vor der Tür. Wären unsere Gefühlsschalter für andere sichtbar gewesen, hätten diese sofort erkannt, dass wir alle bester Laune waren. Unsere Künstler wohnten inmitten eines üppigen Weingartens, etwa eine halbe Fahrstunde von der Stadt entfernt. Das renovierte Winzerhaus mit seinen zwei Etagen bot der Familie nicht nur genügend Platz für Arbeit und Freizeit. Es strahlte auch diese erdige Verbundenheit aus, die den Neuankömmling sofort heimisch werden ließ. Ein großer, heller Raum im Erdgeschoss bot den kleineren Skulpturen, die mit Hilfe von Sieglindes und Wolframs Händen das Licht der Welt erblickt hatten, einen würdigen Rahmen. Lebendige Menschengruppen, geformt aus Stahl, mit Gliedern, die durch Schweißnähte verbunden reine Lebensfreude ausdrückten, luden den staunenden Betrachter zum Betreten des Raumes ein. Hinein in eine Welt, in der die Vielfalt, mit der das Leben unseren Planeten versehen hatte, zum Ausdruck kam. Menschlein unterschiedlichster Größen tummelten sich zwischen allerlei Getier, teilweise versteckt hinter Pflanzen, die wahrscheinlich einmal Zahnräder, Stangen und Schrauben eines stählernen Ungetüms in irgendeiner Fabrik gewesen waren. All diese Schöpfungen nahmen einige Meter weiter ihren Ursprung. Direkt neben dem Ausstellungsraum befanden sich zwei große Räume. Im ersten war eine Unzahl von stählernen Regalen, Kisten, Körben und anderen Behältnissen untergebracht – alles prall gefüllt mit unterschiedlichsten Eisenteilen. Die Beute von unzähligen Streifzügen auf den Schrottplätzen des Landes. Der nächste Raum, der nicht mehr der ursprünglichen Bausubstanz zugehörte, war das Zentrum des künstlerischen Schaffens. Das helle, weitläufige Atelier war erst vor einigen Jahren angebaut worden. Hier warteten mannigfache technische Gerätschaften darauf, den Künstlern ihre Hilfe beim Erschaffen neuer Sichtweisen anzubieten. Eine hölzerne Wendeltreppe führte in den ersten Stock, der dem Privatleben der Familie vorbehalten war.

Unter der Woche war im Erdgeschoss reges Treiben anzutreffen. Entweder entstand unter den einfallsreichen Händen des Künstlerduos mit Zischen und Klirren völlig Neues. Oder Kunden kamen, um einem der zahlreichen Objekte eine neue Heimat zu geben. Einige von ihnen gingen im großzügig angelegten Weingarten auf Entdeckungsreise, um den größeren Objekten, die hier überall verstreut wie Naturgeister den Weinberg zu bewachen schienen, ihre Aufwartung zu machen. Wohin man auch schaute, es wurde dem Betrachter überall vor Augen gehalten, dass es möglich ist, die Welt mit anderen Augen zu sehen.

Ausgelassen saßen wir im ersten Stock an einem schweren, langgezogenen Holztisch. Dieser bildete das Zentrum des nach oben hin offenen, gemütlichen Raumes. Eine durchgehende Fensterfront an der Längsseite des Raumes gab den Blick auf die umliegenden Weinberge frei. So konnten wir beobachten, wie der beginnende Herbst gerade dabei war, seine Farben zu verschenken. Der offene Kamin an der gegenüberliegenden Wand spendete wohlige Wärme. Sieglinde gab sich als perfekte Gastgeberin alle Mühe, unser leibliches Wohl nicht dem Zufall zu überlassen. Und es war auch kein Zufall, dass sich unsere Gespräche bald unserem neuen Lieblingsthema zuwandten.

Sieglinde: »Ich hätte mir nie gedacht, dass meine Gefühle mich auf Schritt und Tritt begleiten. Sie sind immer da. Wenn Raphael und Elissa mich bereits frühmorgens mit ihrem fröhlichen Lächeln begrüßen, spüre ich förmlich, wie sich mein Schalter nach oben bewegt. Und wenn ich merke, dass mir die Zeit davonläuft, weil ich mir mal wieder zu viel vorgenommen habe – sofort ist der Schalter unten und das Druckgefühl da.«

Ich ließ alle an meinem missglückten Versuch, mich vor dem Fernseher dem Müßiggang hinzugeben, teilhaben. Doc hatte Ähnliches zu vermelden: »Gleich am Tag nach unserem samstäglichen Treffen im Sommer habe ich mich – wie ich es immer tue – nach dem Frühstück mit der Sonntagszeitung zurückgezogen. Die Sonne tauchte meine Leseecke in helles Licht, und ich fühlte mich rundum wohl. Doch sobald ich begann, mich in die Zeitung zu vertiefen, spürte ich sofort, wie mein Schalter nach unten sackte. Mord, Totschlag, unfähige Politiker, Verkehrsunfälle, Diebstahl, düstere Zukunftsprognosen – und kaum etwas, was meinen Schalter beruhigen konnte. Gerade mal der Sportteil sorgte für etwas Entspannung. Es war das erste Mal, dass ich an einem Sonntag die Zeitung nach kurzer Zeit zur Seite gelegt habe. Und seither fällt es mir immer schwerer, unbeschwert in einer Zeitung zu blättern.« Wolfram: »Ich hab auch keine große Lust mehr, mir täglich – vielleicht sogar mehrmals – die Nachrichten reinzuziehen.« Ruth: »Aber wir können doch nicht die Augen vor der Realität verschließen.« »Ist das, was uns die Medien vorsetzen, wirklich DIE Realität? Oder ist es nicht viel eher nur ein kleiner Ausschnitt der Realität, den uns die Medien präsentieren?« Sieglinde wartete keine Antwort ab. Sie holte nur kurz Luft, um sofort die von ihr gestellte Frage selbst zu beantworten: »Weltweit gibt es Hunderttausende, die als freiwillige Helfer bei verschiedensten Organisationen ihren Dienst versehen. Wie viele Eltern kümmern sich tagtäglich liebevoll um ihre Kinder? Wie viele Menschen pflegen weltweit – so wie wir – nette Freundschaften? Und ich treffe tagtäglich neue nette Menschen. Davon wirst du aber in den Medien nicht viel zu Gesicht bekommen. Weil es nicht kracht, nicht laut oder spektakulär ist – sondern normal. Die Kamera ist doch immer dorthin gerichtet, wo es am lautesten ist. Denn das hebt sich vom Normalen ab und lässt sich gut verkaufen.« »Genau«, warf Doc ein. »Wenn irgendwo auf der Welt ein Bankräuber mit Millionenbeute untergetaucht ist, dann wird darüber groß berichtet. Aber habt ihr je die Schlagzeile ‚Auch heute haben Milliarden Menschen KEINE Bank überfallen‘ gelesen? Über den EINEN Bankräuber wird groß und lautstark berichtet. Aber kein Medium käme auf die Idee, über die Milliarden Menschen, die sich korrekt verhalten, zu berichten.« Wolfram: »Die täglichen Nachrichten haben uns immer begleitet – unser ganzes Leben lang. Es ist für uns so normal, diese zu konsumieren, dass wir uns bis jetzt gar nicht gefragt haben, ob sie uns guttun oder nicht. Seit wir stärker auf unsere Gefühle achten, fällt uns auch stärker auf, wenn uns etwas nicht guttut.« Wolfram blickte ein wenig fragend in die Runde, als wollte er überprüfen, ob wir seiner Meinung waren.

Ruth: »Soll das heißen, dass wir uns ab jetzt in die Einsamkeit zurückziehen sollen?« Doc: »Ich denke nicht, dass ein vollkommener Rückzug nötig ist. Ich denke, es genügt, wenn wir bewusster konsumieren. Wenn wir uns fragen, ob wir die angebotenen Informationen auch wirklich brauchen, können wir das für uns Wichtige vom Unwichtigen trennen. Wenn jemand Wertpapiere besitzt, dann werden für ihn die Börsenkurse Bedeutung haben. Wenn wir am Wochenende einen Ausflug planen, dann wird der Wetterbericht hilfreich sein. Aber ich sehe keinen Grund, warum ich über einen Bankräuber informiert werden muss. Bereichert diese Information mein Leben? Sie drückt doch nur meinen Schalter sinnlos nach unten und macht mir schlechte

Gefühle. Und außerdem gewöhne ich mich immer mehr daran, pessimistisch zu denken.«

Wolfram: »Ich kann mich noch gut daran erinnern, als wir unser letztes Auto gekauft haben. Sobald wir uns für eine Marke entschieden hatten, fiel uns plötzlich auf, wie viele Autos dieser Marke tatsächlich herumfuhren.« »Und als ich schwanger war«, fuhr Sieglinde fort, »habe ich eine Unzahl von anderen Schwangeren auf der Straße bemerkt.« »Und wenn wir uns verstärkt auf das Schlechte auf der Welt konzentrieren, wird uns das auch verstärkt auffallen«, spann Ruth den Gedanken weiter, »und wir haben im Laufe der Zeit wirklich den Eindruck, in einer schlechten Welt zu leben.« »Und fühlen uns schlecht!«, ergänzte ich.

Sinn

Der Weinberg unserer Freunde lag bereits weit hinter uns. Die Dämmerung machte sich gerade daran, den Tag zu vertreiben. Ruth saß am Steuer. Neben ihr Doc. Gabi und ich, wir hatten es uns auf der Rückbank ihres Kombis gemütlich gemacht. Ich genoss es, nicht selbst fahren zu müssen. Es war still im Auto. Keine unangenehme, peinliche Stille. Eher eine Stille von der Sorte, die ausdrückte, dass sich Menschen in ihrer Haut einfach wohl fühlten. Der Motor schnurrte friedlich vor sich hin.

»Ich glaube, das ist es!« Doc setzte dem angenehmen Schweigen ein jähes Ende. »Stellt euch vor: Ein kleiner Bub. Er beobachtet: Immer wenn Mama einen Topf auf diese runden schwarzen Dinger stellt, beginnt es in dem Topf zu blubbern. Mama nimmt nach einiger Zeit den Topf von der Platte und geht kurz aus der Küche. In kindlichem Entdeckerdrang schiebt unser Kleiner einen Sessel zum Herd und stellt sich darauf. Unbekümmert greift der Kleine auf die heiße Herdplatte. Was passiert?« Doc sah uns an, als ob er Amerika entdeckt hätte. Ohne eine Antwort abzuwarten, setzte er seine Ausführungen fort: »Natürlich wird er ganz schnell das kleine Patschhändchen zurückziehen. Weil es weh tut!«

Doc ließ sich durch nichts stoppen: »Und das ist auch der Grund, warum Patienten zu mir in die Praxis kommen. Es tut was weh!« Fragend sahen wir ihn an. Doch Doc setzte ungerührt seinen Monolog fort: »Was wäre nun, wenn das Kind nicht in der Lage gewesen wäre, den Hitzeschmerz zu spüren? Dann würde es viel zu spät bemerken, dass etwas nicht passt. Und dann wäre es wahrscheinlich schon zu spät. Das Gewebe der Fingerchen wäre bereits zerstört.« »Ja«, sagte Gabi, »und was willst du uns damit sagen?« »Ja, versteht ihr denn nicht? Die Natur hat uns ein Informationssystem gegeben, das uns vor Gefahren warnt. Und dieses Informationssystem heißt ‚Schmerz'«. Docs Blick war hellwach. »Es gibt eine seltene Nervenkrankheit, die bewirkt, dass Menschen keine Schmerzen empfinden können. Was sich so toll anhört, ist in Wahrheit grauenvoll. Diese Menschen erleiden grässliche Verbrennungen, weil sie keinen Hitzeschmerz spüren, oder beißen sich beim Essen die Zunge ab, weil sie kein Schmerz davor warnt, dass diese sich noch zwischen den Zähnen befindet. Ihr Körper meldet weder Krankheit noch Verletzung noch Gefahr. Und deshalb werden diese Menschen meist auch nicht besonders alt.«

»Das klingt alles logisch. Aber ich weiß noch immer nicht, was du uns damit sagen willst«, wiederholte Gabi nochmals ihre Frage. »Na, ganz einfach«, machte sich Doc daran, das Rätsel zu lösen. »Unser Körper hat ein Informationssystem, das uns vor Gefahren warnen soll: die Schmerzen. Sie sagen mir, dass etwas nicht passt. Und ich denke, dass auch unser Geist solch ein Informationssystem hat: die unangenehmen Gefühle, also eine Art ‚geistiger Schmerz'!

Hätten meine Patienten keine lästigen Schmerzen, würden sie entweder gar nicht in meiner Praxis auftauchen oder viel zu spät. Und dann könnte ich sicherlich nicht mehr viel für sie tun, da das Problem schon zu weit fortgeschritten wäre. Es ist also wichtig, dass es weh tut. Sonst würden wir nicht reagieren. Schmerzen rütteln uns auf. Genau das wollen auch die negativen Gefühle mit uns tun!«

Plötzlich dämmerte es mir. »Ja natürlich. DIE NEGATIVEN GEFÜHLE SAGEN MIR, DASS ICH GERADE DABEI BIN, EINE SICHTWEISE EINZUNEHMEN, DIE MIR NICHT GUTTUT!« Ich hatte diese Worte wahrscheinlich ein wenig zu laut gesprochen, denn ich bildete mir ein, bei den anderen ein leichtes Zusammenzucken bemerkt zu haben. Verhaltener setzte ich fort: »Dieser ‚geistige Schmerz', den wir ‚negative Gefühle' nennen, will mich veranlassen, meine aktuelle Denkweise zu verändern.« Was Doc erwiderte, hörte ich nur mit halbem Ohr. Denn sofort fiel mir der Satz »Wie könnte ich das noch sehen?« ein, der mir schon einmal geholfen hatte, mein »Noch drei Stunden zu arbeiten« in ein »In drei Stunden habe ich frei« zu verwandeln. Hätte ich damals mein Denken nicht verändert, hätten sich nicht nur die Stunden in die Länge gezogen. Ich hätte mich wahrscheinlich auch ziemlich energielos gefühlt und der knifflige Akt wäre sicher unbearbeitet geblieben. Die Erinnerung an Casanova drängte sich auf. Der hätte seine Flucht aus den Bleikammern sicherlich nie gewagt, hätte er nicht das Gefühl der Hoffnung in sich gehabt.

Leichtes Vibrieren, vertrautes Schnurren. Felix hatte es sich am Fußende des Bettes neben meinen Fußsohlen gemütlich gemacht. Gabi kam gerade aus dem Badezimmer. Es war wieder einmal spät geworden. Wie immer, wenn wir mit unseren Freunden diskutierten. »Ist schon toll, dass wir wählen können, wie wir uns fühlen.« Gabi kuschelte sich an mich. »Vielleicht hat uns die Natur deshalb einen Verstand geschenkt, damit wir die Möglichkeit haben, eine gute Wahl zu treffen?« »Ja«, erwiderte ich, »und die negativen Gefühle helfen uns zu erkennen, dass wir gerade eine schlechte Wahl getroffen haben.«

Afrika

Das Läuten meines Telefons unterbrach die Stille im Büro. Schnell hob ich ab. »Huber!« »Hallo, Jakob!« Erfreut erkannte ich die Stimme meines Jugendfreundes Toni Blaschek. »Hallo, Toni, schön dich zu hören.« Toni, der letztes Mal so überstürzt abreisen musste, war offensichtlich wieder im Lande. Und übermorgen würden wir unser Treffen nachholen.

Das Café Florida hatte sich kaum verändert. Es war noch immer das kleine, schmuddelige Lokal aus unserer Teenagerzeit, welches gerade einmal ein paar alten Holztischen Platz bot. Nur noch ein anderer Gast hatte es sich neben dem Eingang an der Bar auf einem Barhocker gemütlich gemacht. Wir nahmen im hinteren Teil des Lokals Platz. Hier lud – wie bereits vor Jahren – eine gemütliche Eckbank, die jetzt mit rotem Kunstleder neu tapeziert war, zum Bleiben ein. Dieser Platz war schon damals unser Stammplatz gewesen. Erwartungsvoll schaute ich Toni an. Er war noch immer der schlaksige Blondschopf von damals. Ein paar Falten waren vielleicht hinzugekommen. Aber ansonsten hatte er sich kaum verändert. Ziemlich schnell hatte ich auf Nachfragen von Toni meine Geschichte erzählt. Seit unserer Kindheit hatte sich bei mir ja nicht wirklich viel Aufregendes zugetragen. Jetzt wollte ich aber wissen, wohin es Toni die ganzen Jahre verschlagen hatte. Kurz nachdem er zu studieren begonnen hatte, hatten wir uns ja aus den Augen verloren.

»Bald nachdem ich mein Technikstudium beendet hatte, verschlug es mich ins Ausland. Du weißt ja. Bereits als Siebenjähriger hat mich der afrikanische Kontinent enorm fasziniert. Begonnen hat es – wie du dich vielleicht noch erinnern kannst – mit einem Bildband, den mir meine Eltern einmal zu Weihnachten geschenkt haben.« Ich konnte mich noch gut an diesen Bildband erinnern. Ich hatte meine Eltern so lange bekniet, bis auch ich so einen Bildband zu Weihnachten als mein Zwei-in-einem-Geschenk in Händen hielt. Nur hatte mich damals nicht wie Toni der »Reisevirus« befallen.

»... Je erwachsener ich wurde, umso stärker wurde die Sehnsucht, dieses Land kennenzulernen«, bestätigte Toni meine Gedanken. »Schon während meines Studiums nutzte ich die Sommerferien, um die ersten Reisen nach Afrika zu unternehmen. So lernte ich im Laufe der Zeit nicht nur das Land immer besser kennen. Mir wurde auch zunehmend bewusst, wie viel Hilfe dieses Land benötigt. Nachdem ich mein Studium erfolgreich abgeschlossen hatte, heuerte ich bei verschiedenen Baufirmen an, die Projekte in Afrika betrieben. Dabei konnte ich viele wertvolle Erfahrungen sammeln. Der Zufall wollte es, dass ich im Zuge dieser Tätigkeit dem Projektleiter einer Hilfsorganisation über den Weg lief. Er war gerade auf der Suche nach einem Techniker für ein wichtiges Hilfsprojekt in Tansania. Seitdem bin ich bei dieser Hilfsorganisation als leitender Techniker tätig. Mittlerweile organisierte ich in Afrika verschiedenste technische Ausbildungsprojekte, stampfte Ausbildungszentren für Einheimische aus dem afrikanischen Boden und half dabei, die Flüchtlingsströme in den Krisengebieten um Burundi, Ruanda und Kongo in den Griff zu bekommen. Auch als ich unsere letzte Verabredung kurzfristig absagen musste, hat mich ein Einsatz daran gehindert, dich zu treffen. Ich bin zwar inzwischen immer wieder kurz da gewesen, aber erst jetzt habe ich die Zeit und Ruhe gefunden, dich anzurufen.«

Es war ein angenehmes Gefühl, Toni, den Freund aus der Vergangenheit, wiederzusehen. Leider verging die Zeit im alten »Florida« viel zu schnell, sodass wir uns bald verabschieden mussten. Aber wir hatten uns vorgenommen, uns demnächst wiederzusehen.

Flucht

Selbst Herr Frisch wusste auf dieses Rechtsproblem keine schnelle Antwort. Das war wirklich ein ziemlich kniffliger Akt. Aber irgendwie … Da! Eine Parklücke! Ich hatte keine Zeit mehr, über die Arbeit nachzudenken. Ein riesiger freier Parkplatz. Und ganz in der Nähe vom Café Florida. Schön, dass Toni heute angerufen hatte.

Es war richtig kalt geworden. Neben mir ließ der Herbstwind verstreute Blätter tanzen. Obwohl es bis zum Café Florida nicht weit war, schloss ich den Reißverschluss meiner Jacke. Beim Näherkommen konnte ich sehen, dass auch direkt vor dem Lokal ein Parkplatz frei gewesen wäre. Und – ja genau – Toni war gerade dabei, diesen in Besitz zu nehmen. Schon von Weitem konnte ich sein Auto mit den leuchtenden Rückfahrscheinwerfern erkennen. Doch er sollte nicht weit kommen. Gerade als sich Tonis Wagen in Bewegung zu setzen begann, zwängte sich ein weißer Kleinwagen frech an Toni vorbei, um den freien Parkplatz zu besetzen. Ich spürte sofort, wie sich bei diesem Anblick mein Schalter nach unten bewegte. Toni stieg aus seinem Wagen aus und stellte sich neben den Kleinwagen. Sein Kontrahent kurbelte die Scheibe runter. Ich konnte einen kurzen Wortwechsel – den ich aufgrund meiner Distanz zu den beiden nicht zu hören vermochte – beobachten. Was ich jedoch erkennen konnte, war, dass Toni nicht aggressiv war, sondern völlig ruhig und freundlich blieb. Sein Schalter schien sogar ziemlich stabil zu bleiben. Erstaunt sah ich, wie nach wenigen Sätzen der Fahrer des Kleinwagens das Feld räumte, um den Platz für Toni freizugeben.

Ich wartete vor dem Eingang des Cafés, bis Toni eingeparkt hatte. Nachdem er ausgestiegen war und wir uns begrüßt hatten, fragte ich Toni neugierig, was er denn dem Kontrahenten gesagt hatte. »Zuerst habe ich ihn gefragt, ob er der Meinung ist, dass sein Verhalten fair ist. Darauf antwortete er mir, dass er aber schneller war als ich. Ich erwiderte freundlich, dass ich zuerst da war. Und offensichtlich hat das gereicht, damit er das Feld räumt.« So etwas hatte ich noch nie erlebt. Ich kannte diese Situation. Auch mir war dasselbe schon einige Male passiert. Und immer war ich ziemlich wütend. Doch davon hatte sich der andere nie beeindrucken lassen. Tonis Strategie dürfte wirklich die bessere sein. Und offensichtlich hatte er seinen Gefühlsschalter perfekt im Griff.

Es war noch recht früh. Unser Stammplatz war frei. Auch heute war in dem alten Café nicht viel los.

Das letzte Mal hatten wir uns viel zu schnell wieder verabschieden müssen. »Mein letzter Einsatz, der unsere erste Verabredung verhindert hat, führte mich über das friedliche Kenia direkt in die Krisenregionen des Kongo«, setzte Toni recht bald seine Erzählungen vom letzten Mal fort. »Ich musste für einen durch Krankheit ausgefallenen Kollegen in Nairobi einspringen. Joe, so heißt dieser Kollege, war gerade dabei, in unserem dortigen provisorischen Büro ein Hilfsprojekt für den Kongo vorzubereiten, als ihn eine Malaria niederzwang. Da diverse Maschinentransporte aufgrund der bevorstehenden Regenzeit unbedingt jetzt durchgeführt werden mussten und für diese Region kein anderer Spezialist zur Verfügung stand, musste ich einspringen. Es wurde für dieses Projekt neben einer Fülle von technischem Equipment auch zusätzliches Personal benötigt. Wir suchten Monteure, Bagger- und LKW-Fahrer, Mechaniker und andere, die direkt vor Ort im Kongo das desolate Straßennetz wiederherstellen sollten. Denn bei den vorherrschenden Verhältnissen wurden die Fahrzeuge verschiedener anderer Hilfsorganisationen immer wieder Opfer der schlechten Straßen. Verzögerungen oder sogar der Abbruch wichtiger Hilfseinsätze standen an der Tagesordnung. Joe hatte zwar schon einen Großteil der Vorbereitungsarbeiten für dieses Projekt abgeschlossen, doch uns fehlten noch zwei Mechaniker. So lag es an mir, aus fünfzehn Bewerbern die zwei besten herauszufiltern. Unter den Afrikanern, die sich um diese Stelle beworben hatten, befand sich auch ein Kongolese um die zwanzig, der mir wegen seiner wichtigtuerischen Art sofort aufgefallen war. Einem Bewerber nach dem anderen wurde von mir auf den Zahn gefühlt. Musste er doch in der Lage sein, draußen im Busch selbst unter widrigsten Umständen dem nicht funktionierenden Gerät wieder Leben einzuhauchen. Über tausend Kilometer von der nächsten Nachschubquelle entfernt waren Spezialisten mit Improvisationstalent gefragt. Nun saß mir der Kongolese gegenüber, ein hagerer junger Mann mittlerer Größe. Fordernd sah er mich an, als ob er sich ganz sicher wäre, den Job zu bekommen. In holprigem Englisch versuchte er, seine Qualitäten in den Vordergrund zu stellen. Doch recht bald war klar, dass sich seine Kenntnisse als Mechaniker nur darauf beschränkten, dass ein Caterpillar üblicherweise gelb lackiert war. Deshalb blieb mir nichts anderes übrig, als mich von ihm zu verabschieden. Doch da hatte ich die Rechnung ohne ihn gemacht. Ich sah das erste Mal einen Afrikaner, dessen kohlrabenschwarzes Gesicht vor lauter Aggression noch dunkler wurde. Im selben Moment sprang er laut fluchend hoch und wollte mir an die Gurgel – wären nicht zwei anwesende Mitarbeiter sofort dazwischengegangen und hätten ihn aus dem Büro komplimentiert. Das alles begleitet von blutunterlaufenen Augen, die mich wie von Sinnen anstarrten, und einem Satz, den er immer wieder auf Englisch und Französisch vor sich hinbrüllte: »I will kill you, I will kill you, je vais te tuer ...«

Die spannende Erzählung Tonis wurde durch den Kellner unterbrochen. »Dürfte ich bitte kassieren, wir haben Schichtwechsel.« Toni ließ es sich nicht nehmen, mich auf den Kaffee einzuladen, der allerdings inzwischen nur mehr lauwarm vor mir auf dem Tisch stand und deshalb von mir verschmäht wurde. Sobald Toni die Rechnung bezahlt hatte, setzte er seine Erzählung fort.

»Das schwere Gerät sollte über den Landweg in das über tausend Kilometer entfernte Zielgebiet gebracht werden. Die ersten Geländewagen wurden bereits am nächsten Tag mit einer Transportmaschine in den Kongo eingeflogen. Eine Vorhut hatte bereits eine Woche zuvor eine improvisierte Landebahn angelegt. Mein Geländemotorrad und ich waren mit an Bord.«

»Dein Motorrad?«, fragte ich erstaunt. Denn ich wusste ja, dass Toni von Motorrädern früher nie besonders viel gehalten hatte. »Ach ja – du weißt noch nicht, dass ich inzwischen ein richtiger Motorradfreak geworden bin. Denn bei unseren Hilfsprojekten hat sich schnell herausgestellt, dass das

Motorrad jenes Fahrzeug ist, das die größte Flexibilität garantiert. Mein Job war es nun, vor Ort die Organisation und Koordination dieses Hilfsprojektes zu übernehmen und Kontakt mit dem bereits auf uns wartenden Militär aufzunehmen, welches zu unserem Schutz abgestellt wurde.«

»Herrscht im Kongo noch immer Krieg?«, unterbrach ich Toni. »Damals war es einigermaßen friedlich – abgesehen von einigen Rebellentruppen, die in entlegenen Regionen noch immer ihr Unwesen trieben. Deshalb auch der Militärschutz. Bereits kurz nach der Landung traf ich mit dem bulligen Kommandanten der Truppe – einem grobschlächtig wirkenden Kongolesen – zusammen. Es galt, die Aktivitäten der nächsten zwei Wochen zu koordinieren. Hitze, Schlangen, Skorpione, vielleicht auch Angriffe von Rebellen. Ich wusste nicht genau, was mich außer der Hitze sonst noch erwarten würde. Aber ich hatte geplant, mit meinem Team den tatsächlichen Zustand der zu sanierenden Straßen zu erkunden und den Bau unseres Basislagers zu organisieren. Inzwischen bestand unser provisorisches Camp aus einer kleinen Anzahl von Zelten, die aber für die bevorstehende Regenzeit nicht ausreichend Schutz boten. Deshalb sollte aus mitgebrachten Wellblechhütten, die in Einzelteile zerlegt bereits mit einer anderen Transportmaschine hierhergebracht worden waren, ein kleines Dorf in der Wildnis entstehen. Auch eine Feldküche, die in der Lage war, eine größere Zahl von Arbeitern zu versorgen, sollte aus dem Boden gestampft werden. Tagsüber pendelte ich meist mit meinem Motorrad zwischen den einzelnen Stationen des Hilfsprojektes hin und her. Alles unter den wachsamen Augen der Soldaten.

Es war der zwölfte Tag meines Aufenthaltes. Die Arbeiten waren zügig vorangeschritten. Eine Transportmaschine mit Nachschub war für diesen Tag angesagt. Pünktlich – wie angekündigt – tauchte um fünfzehn Uhr ein glitzernder, silberner Punkt am wolkenlosen Himmel auf. Eine riesige Staubwolke begleitete das Aufsetzen der Flugzeugreifen auf der zur Landebahn umfunktionierten Piste. Nachdem das Ungetüm zum Stillstand gekommen war, öffnete sich wie von Geisterhand das Heck und gab den Blick in das Innere frei. Ich wollte mich begleitet von einigen Arbeitern und mit einer umfangreichen Liste in der Hand gerade aufmachen, die Vollzähligkeit der angeforderten Gegenstände zu überprüfen, da bewegte sich plötzlich etwas aus dem Laderaum schnell auf mich zu. Mit lautem Geschrei stürzte sich ein Mann auf mich. Ich erkannte ihn sofort. Es war der junge Kongolese, den ich vor Kurzem als Bewerber für den Mechanikerposten abweisen musste. Er hatte sich am Flughafen irgendwie in den Laderaum der Transportmaschine geschmuggelt und wollte nun offensichtlich seine Rache dafür, dass ich seine Arbeitskraft verschmäht hatte. In seinem Gürtel sah ich ein großes Messer blitzen. Doch bevor seine Hand den Griff fassen konnte, hatten ihn zwei meiner Arbeiter – gebürtige Kenianer – geistesgegenwärtig gepackt. Wie von Sinnen schreiend und sich windend wurde er von diesen den in der Nähe stehenden Soldaten – die den Vorfall bewegungslos beobachtet hatten – übergeben. Wortlos führten sie ihn ab. »I will kill you … that's my country … you will see … je vais te tuer … c'est mon pays … tu verras«, waren einige der an mich adressierten Wortfetzen – ein Kauderwelsch aus Englisch und Französisch –, an die ich mich heute noch erinnern kann.«

Ich wagte es nicht, Toni mit meinen Fragen zu unterbrechen.

»Einer meiner zwei Helfer kam einige Minuten nach diesem Vorfall zu mir. Er wurde begleitet von einem einheimischen Arbeiter. Sie berichteten mir, dass sie gesehen hatten, wie die Soldaten den rachsüchtigen Kongolesen frei ließen. Irgendwas stimmte hier nicht. Die Soldaten hatten auch keinen Finger gerührt, als mich der Irre anspringen wollte. Nachdem der einheimische Arbeiter, der sich hier gut auskannte, erklärte, dass er in dem Tobenden den Sohn eines berüchtigten Rebellenführers erkannt hatte, wusste ich: Hier bin ich nicht mehr sicher. Ich war hier der einzige Weiße im Umkreis von mehreren hundert Kilometern, beschützt von einer Truppe, in die sich – wie es hier immer wieder vorkommt – offensichtlich Rebellen eingeschlichen hatten.

Sofort nahm ich per Satellitentelefon mit unserem Büro Kontakt auf und schilderte die Lage. Gemeinsam arbeiteten wir einen Plan aus, der mich aus dieser misslichen Lage befreien sollte. Doch dieser Plan sollte erst am nächsten Tag zur Ausführung kommen, da in einigen Stunden bereits die Sonne untergehen würde und unsere Flugzeuge nicht in der Lage waren, hier bei Dunkelheit zu landen. So musste ich diese Nacht noch heil überstehen.«

Ich hatte mich inzwischen so sehr in Tonis Lage versetzt, dass ich erst jetzt bemerkte, wie verspannt meine Muskeln waren. Ich wollte keines von Tonis Worten versäumen.

»Den restlichen Tag verbrachte ich in unserem provisorischen Camp, um meine Flucht vorzubereiten«, fuhr Toni fort. »Außerdem fand ich es sicherer, nicht in meinem Zelt zu schlafen. Eine kurze Garbe aus einem Sturmgewehr hätte bereits gereicht, um meiner Flucht, noch bevor sie begonnen hatte, ein jähes Ende zu setzen. So suchte ich mir einen einigermaßen bequemen Schlafplatz in der mir inzwischen ja bereits gut bekannten Umgebung, um Kräfte für den nächsten Tag zu sammeln. Um acht Uhr in der Früh sollte es losgehen. Ich wartete bereits am Rand der Piste mit meinem Motorrad. Ein Transportflugzeug, welches einige hundert Kilometer weiter bereits in aller Früh eine Ladung abgeliefert hatte und sich nun auf dem Rückflug befand, setzte zur Landung an. Nachdem das Flugzeug zum Stillstand gekommen war, ging ich langsam auf dieses zu, nahm vom Piloten ein kleines Päckchen entgegen, in dem sich nichts befand außer ein paar Schrauben, und ließ die Maschine weiterfliegen. All das gehörte zum Plan. Denn nun wussten die Soldaten-Rebellen, die all das mit der Hand am Abzug interessiert beobachtet hatten, dass ich mich nicht ihrer »Gebietshoheit« entziehen wollte. Sie dachten wohl, dass ich keine Ahnung hätte, dass sie mit dem jungen Racheengel gemeinsame Sache machten. Was sie jedoch nicht ahnten, sollte in den nächsten zehn Minuten passieren. Ich fuhr mit meinem Motorrad aus dem Sichtfeld der Soldaten, um mich am anderen Ende der Piste mit laufendem Motor in Position zu stellen. Schon hörte ich den Lärm eines kräftigen Flugzeugmotors. Ein wesentlich kleineres, wendigeres Sportflugzeug kam, um mich zu holen. Sobald es zum Landeanflug ansetzte, ließ ich den Motor meines Motorrades aufheulen, versuchte maximale Geschwindigkeit aus dem warmgelaufenen Motor herauszupressen und war nun auf selber Höhe mit dem Flugzeug, welches in circa drei Metern Höhe neben mir dahinflog. Ich versuchte nun, so nahe wie möglich an das tieffliegende Flugzeug heranzukommen. Die Einstiegsluke öffnete sich, eine Strickleiter wurde heruntergelassen und während der holprigen Fahrt griff ich nach der untersten Sprosse der hin und her pendelnden Leiter. Sobald ich sie fest im Griff hatte, ließ ich die zweite Hand, welche noch die Lenkstange des Motorrades hielt, los. Im selben Moment spürte ich, wie das Flugzeug nach oben zog. Aus den Augenwinkeln konnte ich gerade noch sehen, wie unten im Camp Soldaten zu ihren Waffen liefen. Doch bevor auch nur ein Schuss fiel, entzog sich das Flugzeug dem Blickfeld der hektischen Soldaten, die in Wirklichkeit Rebellen waren.«

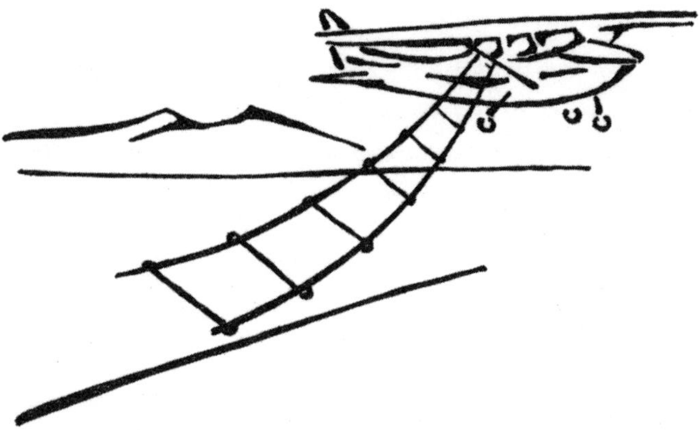

Obwohl Toni bereits vor Sekunden aufgehört hatte zu sprechen, spürte ich, wie mein Herz noch immer schneller schlug. Ich ließ den neuen Kellner zwei frische Tassen Kaffee an unseren Tisch bringen. »Und jetzt bist du da und …« »… ich warte auf den nächsten Einsatz«, führte Toni meinen angefangenen Satz zu Ende.

»Und was geht in solch einer Situation in deinem Kopf vor? Hast du Angst? Was tut sich da in dir?«, sprudelte es nur so aus meinem Mund. »In solchen Situationen bin ich normalerweise vollkommen ruhig. Selbst als ich außen am Flugzeug an der Leiter hing, war ich innerlich ruhig und hatte keine Angst. Ich denke, das hat etwas mit meinen Erfahrungen vom Motorradfahren zu tun. Auf meiner Lieblings-Motocross-Strecke, die ich so oft es geht befahre, gibt es eine sehr schwierige Passage. Stell dir vor, du fährst auf eine steil aufragende Kuppe zu. Du gibst dabei Vollgas und weißt: Sobald du das Ende der Kuppe erreicht hast, wirst du gemeinsam mit deinem Motorrad abheben und zehn oder mehr Meter durch die Luft sausen. Und dir wird es nur dann gelingen, sicher auf der anderen Seite zu landen, wenn du dir vorstellen kannst, dass du sicher landen wirst. Malst du dir jedoch aus, was alles passieren könnte, dann machst du dich selbst so nervös, dass ein schlimmer Sturz wahrscheinlich wird.

Es ist entscheidend, worauf du deine Aufmerksamkeit richtest.«

»Hallo, Schatz! Wie war's heute bei der Arbeit?«, tönten die gewohnten Worte an mein Ohr. Es war heute ein bisschen später geworden als sonst. Die Zeit mit Toni war wie im Fluge vergangen. Eigentlich wollte ich noch ein wenig am Dachboden arbeiten. Ein paar kleine Abschlussarbeiten. Vorher musste ich aber Gabi noch unbedingt von Tonis Abenteuern erzählen. »Wenn Toni es schafft, in solch gefährlichen Situationen nicht schwarzzusehen und so seinen Schalter stabil zu halten, dann wird das in unserem weniger abenteuerlichen Leben wohl auch möglich sein!«, zog Gabi aus Tonis Erlebnissen ihre Schlüsse. Natürlich musste das möglich sein. Ich hatte ja inzwischen schon einige Male von dieser Möglichkeit gekostet … Gabi kuschelte sich, während ich so vor mich hinsinnierte, an mich. Und ich entschloss mich, heute doch nicht mehr auf den Dachboden zu gehen.

22. Dezember

Ich freute mich wie ein kleines Kind. Mit glänzenden Augen stand ich am Fenster meines Büros. Mein Blick war gebannt auf Millionen von Schneeflocken gerichtet, die gerade dabei waren, die Stadt in strahlendes Weiß zu hüllen. Der erste Schnee! Da war es! Das Gefühl meiner Kindheit! Viel war seit dem letzten Winter geschehen. Mit mir. Ich setzte mich zurück an den Schreibtisch, um die kurz zuvor begonnene Arbeit fortzusetzen. Ich hämmerte auf die einzelnen Buchstaben der Tastatur, die sich auf dem Monitor sofort in Worte verwandelten. Bereits gestern hatte ich mir nach der Arbeit einen schönen goldfarbenen Rahmen besorgt. Er erinnerte ein wenig an die geschnitzten, vergoldeten Barockrahmen alter Ölgemälde. Im Drucker wartete das ebenfalls frisch besorgte Papier, das versuchte, den Eindruck alten Pergaments zu erwecken. Auf mein Kommando begann der Drucker vor meinen Augen das letzte Jahr Revue passieren zu lassen. Langsam gab er das wertvolle Blatt frei:

Ich wähle!

stand darauf zu lesen. Hier waren sie vereinigt. Die Erfahrungen, die mein Leben verändert hatten.

ICH wähle meine Sichtweise.

ICH wähle damit gleichzeitig, wie ich mich fühle und verhalte, wie ich meinen Körper beeinflusse und ob ich mich stark oder schwach fühle.

ICH wähle neu, wenn ich mich schlecht fühle. Denn unangenehme Gefühle sind nichts anderes als ein Hinweis, dass ich eine schlechte Wahl getroffen habe.

Ich hielt das feine Papier wie einen Schatz in meinen Händen. Vorsichtig platzierte ich das pergamentene Blatt, das mich immer daran erinnern sollte, dass ich – so wie Casanova und Toni – jederzeit aus einer ungeliebten Situation ausbrechen könnte, in den bereitgelegten Rahmen, der einen Ehrenplatz in meinem Büro bekam.

Wieder ist ein Jahr vergangen. Ich habe noch immer denselben Job, denselben Vorgesetzten und die gleichen Lebensumstände. Und trotzdem ist alles anders. Ich bin anders! Alle sind diesmal da. Gabi, Anne, Sieglinde, Wolfram, Raphael, Elissa, Ruth, Doc und sogar Toni. Ich habe diesmal richtig große Lust, im Kreise meiner Freunde meinen Geburtstag zu feiern. Gleichzeitig ist die Feier auch die Einweihung des neu ausgebauten Dachbodens. Vor zwei Tagen bin ich mit den letzten Arbeiten fertig geworden. Anne freut sich schon riesig darauf, morgen, so kurz vor Weihnachten, ihr neues Reich zu beziehen. Wir haben unseren Esstisch in der Mitte des Raumes platziert. Gerade will ich Toni zuprosten, halte aber mitten in der Bewegung inne. Es ist auf einmal finster im Raum. Die Elektroleitungen? Ein Fehler bei der Montage? Da erscheint Gabi in der sich öffnenden Tür. Ein kleines Feuerwerk aus zischenden Kerzen in Händen, die um eine Torte herum ihr Funkeln verbreiten. Dahinter schleppen Doc und Wolfram ein in Geschenkpapier verpacktes, ungefähr siebzig Zentimeter hohes, ein wenig längliches und sichtlich sehr schweres Paket. Gleichzeitig wird im gesamten Raum ein kräftiges »Happy Birthday …« hörbar, in das selbst die kleinen Zwillinge, die anscheinend ihren Text fleißig geübt haben, einstimmen. Freude und Rührung treiben mir eine Träne in die Augen, die – obwohl mein Schalter ganz oben eingerastet ist – sich ihren Weg über meine Wange bahnt. Ein wenig verlegen versuche ich, verstohlen, mit einer kurzen Bewegung des linken Handrückens, diesem Zeugen meiner Rührung Einhalt zu gebieten, was mir jedoch kaum gelingt. Ich habe keine Chance, dem in solchen Fällen üblichen Blas-die-Kerzen-aus-Ritual zu entkommen. Nachdem ich den Wunsch aller Anwesenden erfüllt habe, wird das schwere Paket, welches in der Zwischenzeit am Fußboden verharrte, von Doc und Wolfram auf den massiven Esstisch gewuchtet. Als der schwere Klumpen die Tischplatte berührt, ist ein satter Ton zu hören, der das Gewicht des Paketes lautstark bestätigt. Nun steht es direkt vor mir. Rotes Papier, mit goldfarbenem Band zusammengehalten, verdeckt noch den Blick auf das voluminöse Geschenk. Ich kann es nicht erwarten. Normalerweise packe ich Geschenke sehr gesittet aus, indem ich zuerst versuche, das Klebeband, welches den Papierbogen am richtigen Platz hält, zu lösen, um so das Blatt vor der Vernichtung zu bewahren. Aber meine Stimmung lässt diesen zeitaufwendigen Vorgang jetzt nicht zu. Ich packe deshalb einfach mit beiden Händen zu. Und vor mir erscheint eine menschliche Figur, die pure Lebensfreude ausdrückt. Ihre Arme sind voll Begeisterung nach oben gestreckt. Der ganze Körper strömt das Glücksgefühl aus, das diese Skulptur offensichtlich gerade erlebt. Andere hätten vielleicht nur ein paar rostige Eisenteile gesehen. Doch ich sehe eine wunderbare Figur – und erlebe ihn: den Casanova Effekt!

Heute

Heute lebt Jakob zufrieden in seinem alten und doch neuen Leben. Um die im letzten Jahr gewonnenen Erkenntnisse zu perfektionieren, wurde ihm von seinem Freund Toni ein Seminar empfohlen. Dort hat Jakob eine äußerst wirkungsvolle Methode kennengelernt, die es ihm ermöglicht, seinen Gefühlsschalter auch in kritischen Situationen jederzeit in den Griff zu bekommen. So ist er heute in der Lage, selbst dort, wo es den meisten anderen Menschen schwerfällt, seine Gelassenheit zu erhalten und souverän und angemessen zu reagieren.

Inzwischen gibt es dieses Seminar auch in Buchform. Damit haben auch Sie die Gelegenheit, bequem diese wirkungsvolle Methode zu erlernen. Details dazu finden Sie im Buchshop von www.gefuehlslogik.at.

Die Entwicklung geht weiter: mit *gefühlsLOGIK – Evolution der Gefühle*! Aber das ist eine andere Geschichte.

Quellennachweis:

Alle kursiv geschriebenen Texte sind der »Geschichte meines Lebens« von Giacomo Casanova, Band IV, Kapitel 12–16 in der deutschen Übersetzung von Heinz von Sauter entnommen.

1 Kapitel 12, Seite 221.
2 Kapitel 12, Seite 221.
3 Kapitel 12, Seite 223.
4 Kapitel 12, Seite 226f.
5 Kapitel 12, Seite 227f.
6 Kapitel 12, Seite 237f.
7 Kapitel 12, Seite 239.
8 Kapitel 12, Seite 240.
9 Kapitel 13, Seite 242.
10 Kapitel 13, Seite 246.
11 Kapitel 13, Seite 279.
12 Kapitel 13, Seite 279f.
13 Kapitel 13, Seite 281.
14 Kapitel 14, Seite 286.
15 Kapitel 14, Seite 289.
16 Kapitel 14, Seite 295.
17 Kapitel 14, Seite 295f.
18 Kapitel 14, Seite 296.
19 Kapitel 14, Seite 298.
20 Kapitel 14, Seite 299.
21 Kapitel 14, Seite 300.
22 Kapitel 15, Seite 311.
23 Kapitel 15, Seite 311.
24 Kapitel 16, Seite 331.
25 Kapitel 16, Seite 331.
26 Kapitel 16, Seite 332.
27 Kapitel 16, Seite 333.
28 Kapitel 16, Seite 344.
29 Kapitel 16, Seite 344.
30 Kapitel 16, Seite 344.
31 Kapitel 16, Seite 345.
32 Kapitel 16, Seite 346f.

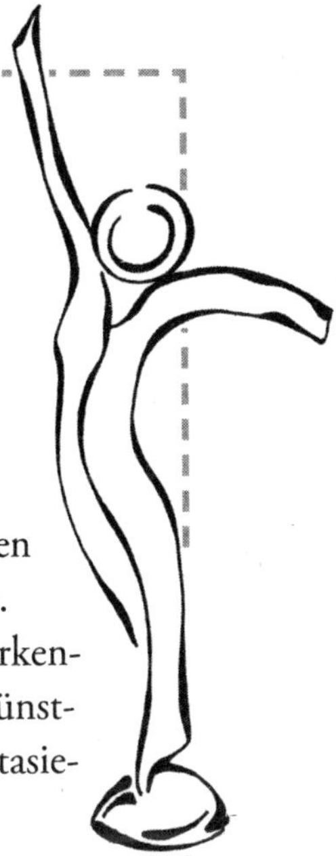

Rare-Art – anders sehen

Sieglinde und Wolfram Rindler bilden das talentierte Künstlerduo Rare-Art. Wo andere nur wertloses Altmetall erkennen, entdecken die »Verwandlungskünstler« menschliche Figuren, Tiere, Fantasiegestalten und noch vieles mehr.

Ohne das verwitterte Ausgangsmaterial ihrer fantastischen Objekte zu verändern, fügen sie es mit Schweißnähten aneinander, damit ihre Fantasien auch von anderen gesehen werden können.

Sie führen plastisch vor Augen, dass es möglich ist, aus anderem Blickwinkel für sich völlig neue Realitäten zu erschaffen.

Mehr darüber auf www.rare-art.at